H G A
I S P
K V F

Koch dich gesund!

VITAL UND FIT MIT LECKEREN REZEPTEN

DALE PINNOCK

Aus dem Englischen übersetzt
von Christine Frauendorf-Mössel

Fotos von Martin Poole

Jan Thorbecke Verlag

ERKLÄRUNG DER SYMBOLE

- **H** Haut
- **G** Gelenke & Skelett
- **A** Atmungssystem
- **I** Immunsystem
- **S** Stoffwechselsystem
- **P** Psyche & Nervensystem
- **K** Herz & Kreislauf
- **V** Verdauungssystem
- **F** Fortpflanzungs- & Harnsystem

FREUDE AN GUTEM, GESUNDEM ESSEN

Für mich gibt es nichts Schöneres als gutes Essen. Dafür lebe ich … unter anderem. Schon in frühester Jugend war ich von verschiedenen Geschmacksnuancen fasziniert und, was kulinarische Dinge betraf, ungemein kreativ. Genussvolles Essen ist für mich bis heute unverzichtbar. Als Teenager begann ich angesichts eigener gesundheitlicher Probleme (ich litt furchtbar unter Akne), mich für Ernährungswissenschaften als Garant für nachhaltige Gesundheit zu interessieren. Schnell war mir klar, dass es auch darauf ankam, was man aß. Viele Studienjahre und Examina später versuche ich heute, so vielen Menschen wie möglich zu zeigen, wie wichtig – ja geradezu lebensverändernd – unsere Ernährung als therapeutisches Mittel sein kann. Essen kann Medizin sein.

NAHRUNGSMITTEL ALS MEDIZIN

Das, was wir essen, beeinflusst alle Bereiche unseres Lebens. Unsere Ernährung bestimmt die körpereigene Biochemie ganz unmittelbar. Ihre Bestandteile wirken auf jede Zelle, jedes Gewebe und jede physiologische Funktion. Angesichts dessen ist es nur logisch, unsere Ernährung als potentielle Medizin zu begreifen. Für mich ist sie ein großartiges Mittel, um unsere Gesundheit aktiv zu beeinflussen und zu kontrollieren. Zwar kann Ernährung aus meiner Sicht keine Alternative zur konventionellen Medizin sein (auch wenn ich kaum nützlichere therapeutische Unterstützung bei Fettsucht oder einer frühen Diabetes Typ 2 erkennen kann). Doch unsere Ernährung ist ein wertvoller Teil unserer Gesundheitspflege, den wir ungeachtet anderer Therapien gefahrlos und ohne auf Genuss zu verzichten anwenden können. Seit Jahren pflege ich wertvolle, professionelle Verbindungen mit Allgemeinmedizinern, Fachärzten und Wissenschaftlern. Meine Herangehensweise findet große Unterstützung durch Personen aller Bereiche des Gesundheitswesens. Mein Anliegen ist es, die Erkenntnisse von Ernährungswissenschaft und Diätlehren in ein praktikables System einzupassen. Ich möchte Sie nicht mit wissenschaftlichen und technischen Details überhäufen, sondern Ihnen auf leicht verständliche Weise erklären, was Sie bei bestimmten Gesundheitsproblemen essen sollten und weshalb.

MEINE PHILOSOPHIE DES GESUNDEN ESSENS

Aus irgendeinem für mich unerfindlichen Grund denken die meisten Leute, dass gesundes Essen Entsagung, Langeweile und den Verzicht auf alles, was man liebt, bedeutet, und zwar zugunsten von Grünfutter, Smoothies und Unmengen von Kichererbsenmus. Wäre das der Fall, hätte ich es schon vor Jahren aufgegeben und mich schnellstens in die Schlange vor der nächstbesten Frittenbude gestellt. Tatsächlich gibt es jedoch keinen Grund, warum leckeres, gesundes Essen scheußlich schmecken muss. Gesunde Kost kann durchaus opulent, schmackhaft und gleichzeitig der eigenen Gesundheit förderlich sein. Ich kreiere Speisen, auf deren genussvollen Verzehr ich mich freue. Das ist für mich der Schlüssel zu einem gesunden Leben. Und es begeistert mich, meine Lieblingsgerichte immer neu zu erfinden. Ich liebe Currys, Pizza, Kebabs – und mit etwas kulinarischer Fantasie kann ich auch diese Lieblingsgerichte in gesunde Malzeiten verwandeln, die köstlich schmecken und die ich ohne Reue genieße.

ÜBER DIESES BUCH

Mit *„Koch dich gesund!“*, dem Buch über den täglichen Genuss ohne Reue, möchte ich Ihnen die Entscheidung für ein gesundes Leben erleichtern. Viele aus meinem Umfeld hatten die besten Absichten und versuchten ihr Bestes, um gesund zu essen. Unsere moderne Zeit jedoch macht uns – ob im Arbeits- oder gesellschaftlichen Leben – immer wieder einen Strich durch die Rechnung. Dieses Buch möchte helfen, einige dieser Hürden zu überwinden. Die Rezepte sind eher praktische Vorschläge als diktatorische Vorschriften; sie möchten inspirieren und helfen, mögliche Probleme zu bewältigen. Für einige ist es schwierig, in der beruflichen Mittagspause an eine gute Mahlzeit zu gelangen. Andere empfinden das Frühstück in der Hektik zwischen beruflichen Pflichten und Kinderbetreuung als Herausforderung. Wiederum andere laden gerne

Gäste zum Dinner ein, aber möchten gesund kochen. Auch dafür finden sie hier Lösungen. Die Rezepte sind an die Herausforderungen des Alltags angepasst und sie enthalten keine komplizierten Diätvorschriften, die das Engagement eines Küchenchefs oder das Budget von Bill Gates erfordern. Sie zeigen die Zubereitung einfacher, erschwinglicher, leckerer und gesunder Mahlzeiten, die sich im Alltagsleben mit jedweder Situation vereinbaren lässt.

In diesem Buch dreht sich alles ums Essen. Auf wissenschaftliche Informationen wird zwar nicht verzichtet, aber die Stars auf dieser Bühne sind die den jeweiligen Tageszeiten und Mahlzeittypen angepassten Rezepte. Sie finden hier 80 brandneue, anregende Rezeptvorschläge für verschiedene Mahlzeiten und Lebenssituationen – darunter sogar kleine Naschereien für Zwischendurch, Cocktails und mitternächtliche Schlemmereien. Die Symbole für die einzelnen Körpersysteme an jedem Seitenanfang zeigen, bei welchen gesundheitlichen Herausforderungen ein Rezept unterstützend wirken kann. Die Absätze über die Top-Zutaten nennen deren Wirkungsweise und in den Abschnitten zu den „Cleveren Kombinationen“ wird erklärt, wie Zutaten in einem Gericht für einen noch durchschlagenderen Gesundheitseffekt zusammenwirken. Weitere Informationen über Nährstoffe und ihre Wirkung in unserem Essen finden sich in dem Kapitel „Lebensmittel-Apotheke“ ab Seite 164. Sämtliche Rezepte unterstützen viele Körpersysteme.

Dazu findet der Leser auf Seite 176 eine übersichtliche Liste, die jedem Körpersystem spezielle Rezepte zuordnet.

Die vorliegende Rezeptsammlung ist so umfangreich, dass für jeden Geschmack etwas dabei sein dürfte – von leichten, asiatisch inspirierten Wraps und Salaten bis hin zu den Favoriten heimischer Hausmannskost und köstlichen Desserts. Die Rezepte sind einfach abzuwandeln und viele sind für Vegetarier und Veganer ebenso anwendbar wie für Fleischliebhaber. Fast alle sind zeit- und geldsparend und bestehen aus in jedem Supermarkt erhältlichen Zutaten. Nur einige wenige enthalten Spezialitäten, die jedoch keineswegs unerlässlich und daher problemlos austauschbar sind. Verändern Sie die Zutatenliste also nach Ihren Bedürfnissen und stürzen Sie sich ins Vergnügen! Werden Sie kreativ und legen Sie den Grundstein für eine optimale Gesundheit!

Start in den Tag

Das Frühstück ist die wichtigste Mahlzeit des Tages. Es ist allgemein bekannt, dass der Verzehr eines gesunden Frühstücks die Gewichtskontrolle unterstützt, die Energiereserven tagsüber hochhält, die Insulinempfindlichkeit verbessert, die Stimmung stabilisiert … Die Liste ließe sich noch weiter fortführen. Dennoch ist das Frühstück für so manche die Achillesferse in ihrer Ernährung. Wir alle stehen unter Zeitdruck. Ungewöhnliche Arbeitsmodelle, familiäre Pflichten, Elterntaxi, morgendliche Arbeitsbesprechungen, Reisetätigkeiten – gelegentlich scheinen die Hindernisse für eine gesunde Mahlzeit am Morgen kein Ende zu nehmen. Angesichts dessen geht man gern den Weg des geringsten Widerstandes, greift in der Hast auf eine Packung Frühstückszerealien oder eine Scheibe Toast zurück. Leider enthalten die im Handel erhältlichen Frühstückssnacks sehr viel Zucker und sind bar jeden Nährwerts, wobei griffige Werbeslogans uns einreden, sie seien das Gesündeste auf Erden. Tatsächlich sind sie alles andere als das, sie gehen lediglich massiv auf Taille und Hüften.

Was sind die Alternativen? Ein gesundes Frühstück muss keine zeitaufwändige, arbeitsreiche Angelegenheit oder kauintensives Kaninchenfutter sein – Sie müssen sich nicht kasteien. Es ist einfach, eine simple Mahlzeit zu kreieren, die den Stoffwechsel so in Schwung bringt und den Blutzuckerspiegel hebt, dass Sie das Haus flotten Schrittes, gut gelaunt, satt und mit einer Energie verlassen, die den ganzen Vormittag anhält. Dazu verhilft Ihnen ein simples Frühstück mit Ei, ein Smoothie mit Kaffee oder für die Zerealien-Liebhaber ein köstliches, für wenig Geld selbst zusammengestelltes Frühstücksmüsli oder ein erfrischender Smoothie. All die leckeren Kleinigkeiten sind im Handumdrehen zubereitet und gut für die Gesundheit.

H G A
I S P
K V F

GUT FÜR: Kognitive Funktionen, Gefäßschutz, Energieschub

Chili-Chocamocha-Frühstücksbombe

Allein die Aussprache ist ein Aufwecker! Dieser morgendliche Smoothie pustet Ihnen schnell den Schlaf aus den Augen. Und Sie müssen auf Ihren Morgenkaffee nicht verzichten! Kaffee ist vielleicht nicht das Lebensmittel, das Sie hier erwartet haben, aber er trägt seinen schlechten Ruf zu Unrecht. Zahlreiche wissenschaftliche Untersuchungen bestätigen ihm inzwischen eine gesunde Wirkung – sie müssen lediglich Zucker und Sahne weglassen.

FÜR 1 PERSON

1 reife Banane
250 ml Hafermilch (oder je nach Belieben normale Milch)
1 gehäufter EL rohes Kakaopulver (oder qualitativ hochwertiges normales Kakaopulver)
1 TL Honig oder Agavendicksaft
1 Schuss Espresso oder die entsprechende Menge Instant-Espresso, abgekühlt
¼ TL Cayennepfeffer
½ roter Chili, gehackt (optional)

Sämtliche Zutaten in einen Standmixer geben und zu einem sämig-köstlichen Smoothie mixen. Sofort mit Eis und nach Belieben mit etwas gehacktem Chili servieren.

TOPZUTAT: Kakao ist reich an Flavonoiden, die erwiesenermaßen die Blutgefäße weiten. Dies tun sie, indem sie die Freisetzung von Stickoxid anregen, das die Gefäßwände entkrampft. Neueste wissenschaftliche Studien haben gezeigt, dass die Flavonoide des Kakaos die kognitiven Fähigkeiten insofern verbessern, als dass sie die Durchblutung des Gehirns optimieren. Darüber hinaus sorgen sie für eine leichte, vorübergehende Senkung des Blutdrucks.

H G A
I S P
K V F

GUT FÜR: Gesunde Haut, hoher Cholesterinspiegel, gesunde Verdauung

Porrigde mit Rosen, Kardamom & Pistazien

Dies ist Luxus pur und die perfekte Medizin gegen Langeweile auf dem Frühstückstisch! Dieser Porridge ist ebenso schnell fertig wie normaler Haferbrei, verspricht jedoch eine geradezu himmlische Geschmackskombination.

FÜR 1 PERSON

4 Kardamomsamen, ganz
70 g Haferflocken
200 ml Kokosmilch
1 TL Rosenwasser
2 EL gehackte Pistazienkerne
Honig oder Agavendicksaft, zum Anrichten
getrocknete Rosenblätter (optional)

Die Kardamomsamen mit dem Löffelrücken zerdrücken und zusammen mit den Haferflocken und der Kokosmilch in einen Stieltopf geben. 8 Minuten unter gelegentlichem Rühren leicht simmern lassen, bis die Haferflocken gekocht sind. Für eine dünnflüssigere Mischung etwas Wasser angießen. Das Rosenwasser einrühren. In eine Müslischüssel füllen, die gehackten Pistazien sowie Honig oder Agavendicksaft darübergeben und – falls gewünscht – mit Rosenblättern bestreuen.

TOPZUTAT: Haferflocken sind ein geniales cholesterinsenkendes Nahrungsmittel, denn sie enthalten den löslichen Ballaststoff Beta-Glucan, der Cholesterin bindet und über den Darm aus dem Körper befördert. Davon abgesehen sind Haferflocken ein bewährter Energiespender und reich an B-Vitaminen.

H G A
I S P
K V F

GUT FÜR: Gesunde Haut, hoher Cholesterinspiegel, gesunde Verdauung

Protein-Paket mit Räucherlachs & Lauch

Dieses Frühstück klingt irgendwie dekadent, ist jedoch sehr nährstoffreich und hält Stunden vor: Die Eier liefern Proteine und der Lauch regt mit den in ihm enthaltenen unverdaulichen Ballaststoffen (Präbiotika) die Vermehrung gesunder Darmbakterien im Dickdarm an.

FÜR 1 PERSON

1 kleine Lauchstange
Olivenöl, zum Braten
3 Eier
1 große Scheibe Räucherlachs
Meersalz und schwarzer Pfeffer

Die Lauchstange in dünne Ringe schneiden. Etwas Olivenöl in einer großen Pfanne erhitzen, den Lauch hineingeben und 4–5 Minuten weich dünsten.

Inzwischen die Eier in einer Schüssel schaumig aufschlagen. Mit Salz und Pfeffer würzen. Die Eimischung zum Lauch in die Pfanne geben und so lange sanft unterheben, bis ein luftiges Lauch-Rührei entstanden ist.

Den Räucherlachs in die Mitte eines Tellers legen und das Lauch-Rührei darüberhäufeln.

TOPZUTAT: Hier steht der fettreiche Fisch im Mittelpunkt. Lachs besitzt einen hohen Anteil an Omega-3-Fettsäuren, die in der modernen Küche häufig zu kurz kommen. Studien weisen darauf hin, dass Omega-3-Fettsäuren den Cholesterinspiegel senken, entzündungshemmend und als Stimmungsaufheller wirken.

H G A
I S P
K V F

GUT FÜR: Gelenke, Blutzuckerkontrolle, Bluthochdruck & hoher Cholesterinspiegel

Frittata mit Roter Bete & geräucherter Makrele

Dieses Gericht klingt vielleicht verrückt, aber es ist köstlich und einfach perfekt, wenn Sie etwas Neues zum Brunch ausprobieren möchten. Ich habe es eines Morgens aus Resten in meinem Kühlschrank kreiert. Seither gehört es zu meinen Favoriten.

FÜR 1 PERSON

1 Rote Bete, gekocht und geschält
1 geräuchertes Makrelenfilet
Olivenöl, zum Braten
3 Eier
Meersalz und schwarzer Pfeffer
1 TL Salbei (getrocknet oder frisch gehackt)

Den Backofengrill auf 200 °C vorheizen. Die Rote Bete würfeln und das Makrelenfilet in Stücke teilen. Etwas Olivenöl in einer backofentauglichen Pfanne erhitzen und die Rote Bete und das Makrelenfleisch 2–3 Minuten leicht anbraten.

Die Eier in einer Schüssel aufschlagen, mit Salz und Pfeffer würzen und über das Gemüse sowie den Fisch in der Pfanne gießen. Den Salbei darüberstreuen und 4 Minuten bei mittlerer Hitze braten, bis die Unterseite fest ist.

Die Pfanne unter den Grill im Backofen stellen und die Frittata weitere 4 Minuten grillen, bis die Eier gestockt sind. Warm servieren.

CLEVERE KOMBINATION: Rote Bete regt die Produktion von Stickoxiden in den Blutgefäßen an, was die Gefäßwände entspannt und zeitweise den Blutdruck senkt, während die Makrele reich an Omega-3 ist und das Verhältnis zwischen gutem und schlechtem Cholesterin bessert.

H G A
I S P
K V F

GUT FÜR: Gesunde Haut, Regeneration nach dem Sport

Eier Royal sind mein absolutes Lieblingsfrühstück. Die Sauce enthält zwar reichlich Butter, aber warum sollte man ständig auf das verzichten, was man liebt, wenn es das Wohlbefinden erhöht? Vielmehr stellt sich die Frage nach dem „Wie oft" und nach dem sonstigen Essverhalten. Als Leckerbissen jedenfalls sind diese Eier unübertroffen!

FÜR 1 PERSON

1 Spritzer Essig
3 Eier
75 g Butter
Saft von ¼ Zitrone
1 Vollkornbrötchen
Meersalz und schwarzer Pfeffer
4 Scheiben Räucherlachs

TOPZUTAT:
Eier sind das perfekte Frühstück und reich an Proteinen, Mineralstoffen, Cholin, Lutein und allen möglichen guten Inhaltsstoffen. Sie wurden lange als schädlich verteufelt, doch wir wissen jetzt, dass sie echte Heldennahrung sind.

Einen kleinen Topf mit Wasser füllen und dieses zum Kochen bringen. Die Hitze reduzieren, sodass das Wasser nur noch leicht köchelt, und den Essig hineingeben. Zwei Eier nacheinander in eine Tasse aufschlagen und vorsichtig ins Wasser gleiten lassen. 4 Minuten pochieren.

Danach die Sauce Hollandaise anrühren. Dazu die Butter in einem kleinen Topf schmelzen. 1 Eigelb und den Zitronensaft in einem Mixer bei niedriger Drehzahl mischen. Die geschmolzene Butter teelöffelweise dazugeben. Beginnt sich die Mischung zu verbinden, die restliche Butter hinzufügen. Danach die Drehzahl erhöhen und mixen, bis die Masse andickt. Mit Salz und Pfeffer würzen.

Inzwischen das Brötchen in der Mitte durchschneiden und beide Hälften toasten. 2 Lachsscheiben auf jede getoastete Hälfte legen. Darüber jeweils ein pochiertes Ei und die Hälfte der Sauce-Hollandaise geben.

H G A
I S P
K V F

GUT FÜR: Blutzuckerkontrolle, hoher Cholesterinspiegel, gesunde Verdauung

Kraft-Müsli

Viele lieben ihr Müsli zum Frühstück, und vorausgesetzt man verwendet gute Zutaten und stellt die Mischung selbst zusammen, ist ein Müsli am Morgen eine gute Wahl. Die Zutaten des Rezepts ergeben eine große Menge auf Vorrat. Genießen Sie es – je nach Belieben – mit Milch oder Joghurt.

ERGIBT 1.1 KG

- 500 g Haferflocken
- 150 g Rosinen
- 150 g Gojibeeren
- 150 g gemischte Körner wie Kürbis- und Sonnenblumenkerne
- 150 g gemischte, gehackte Nüsse wie Wal- und Paranüsse

Sämtliche Zutaten mischen und in einem luftdicht verschließbaren Behälter aufbewahren. So hält sich das Müsli gut 2 Monate.

CLEVERE KOMBINATION: Die Gefahr bei vielen Müslimischungen ist, dass sie wie Zuckerbomben wirken und den Blutzuckerspiegel unkontrolliert in die Höhe treiben. Die Kombination qualitativ hochwertiger Proteine mit komplexen Kohlehydraten unterstützt jedoch die Stabilisierung des Blutzuckers. Haferflocken, Körner und Nüsse bewirken genau dies.

H G A
I S P
K V F

GUT FÜR: Hoher Cholesterinspiegel; wirkt entzündungshemmend auf viele Körpersysteme

Matcha-Mix

Matcha (japanisches Grünteepulver) mag teuer sein, findet jedoch immer mehr Liebhaber, und ich werde häufig nach einer sinnvollen Verwendung gefragt. Matcha ist erstaunlich gesund und schmeckt auch noch köstlich. Dies ist eines meiner Lieblingsrezepte mit Matcha – es weckt bei mir Erinnerungen an einen zauberhaften Sommer in Japan.

FÜR 1 PERSON

250 ml Hafer- oder Hanfmilch (oder normale Milch)
1 reife Banane
3 TL Matcha-Pulver
2 TL flüssiger Honig
5 Eiswürfel

Sämtliche Zutaten in einem Standmixer zu einem dickflüssigen Smoothie verarbeiten. Sofort mit Eis (die Menge ist beliebig) servieren.

TOPZUTAT: Matcha ist ein Muss für die Gesundheit. Grüner Tee enthält sehr wichtige sekundäre Pflanzenwirkstoffe. Der am intensivsten erforschte ist das Epigallocatechingallat, kurz EGCG, ein hochwirksames Antioxidans. Der regelmäßige Genuss wirkt positiv bei hohem Cholesterinspiegel und bietet Schutz gegen Arteriosklerose (Arterienverkalkung). Darüber hinaus wirkt es entzündungshemmend.

H G A
I S P
K V F

GUT FÜR: Gesunde Gelenke, Krämpfe & Entspannung der Muskeln, Stress & Angstzustände

Frühstücksmonster

Seit einigen Jahren sind grüne Drinks so etwas wie ein gesundes Grundnahrungsmittel geworden. Und zu Recht. Sie haben nur einen Nachteil: Meistens schmecken sie wie Gehäckseltes frisch aus dem Rasenmäher. Dieser Drink allerdings, da bin ich sicher, wird auch Skeptiker überzeugen. Versuchen Sie es – Nur Mut!

FÜR 1 PERSON

1 Handvoll Grünkohl
200 ml Apfelsaft
1 reife Banane
2 Handvoll Baby-Spinat

Die dicken Stängel und Rippen von den Kohlblättern entfernen. Zusammen mit den übrigen Zutaten in einen Standmixer geben und bei höchster Umdrehung fein pürieren. Sofort – nach Belieben auch mit Eiswürfeln – servieren.

CLEVERE KOMBINATION: Seien wir ehrlich! Die Mixtur aus einer Menge Grünzeug, egal wie gesund sie ist, schmeckt eigentlich immer wie Viehfutter. Erst durch die Zugabe von süßen Früchten erhält das grüne Gebräu die Konsistenz und das Aroma eines Früchte-Smoothies.

H G A
I S P
K V F

GUT FÜR: Ekzeme & gesunde Haut, Sehkraft, Bluthochdruck, Durchblutungsstörungen, gesunde Verdauung

Purple Heart

Dieser kinderleicht zu mixende, oberköstliche Smoothie verdient wirklich einen Orden. Er strotzt vor Aromen und energiespendender Nährstoffe, die Jeden am Morgen in Schwung bringen.

FÜR 1 PERSON

100 g tiefgekühlte Brombeeren
1 reife Banane
100 ml roter Traubensaft

Sämtliche Zutaten in einem Standmixer zu einem dickflüssigen Smoothie verarbeiten. Sofort – nach Belieben auch mit Eiswürfeln – servieren.

TOPZUTAT: Brombeeren sind beispielhaft für die Wirksamkeit roter Früchte. Für die intensive Farbe ist eine Gruppe sehr wirksamer sekundärer Pflanzenstoffe verantwortlich – die intensiv erforschten Anthocyane mit eingeschlossen. Diese dringen nachgewiesenermaßen in die Zellen der Blutgefäße ein, wo sie die Freisetzung von Stickoxiden stimulieren, welche die Gefäßwände weiten und den Blutdruck damit reduzieren.

GUT FÜR: Gesunde Haut, Sehkraft, hoher Cholesterinspiegel & Bluthochdruck, gesunde Verdauung

Swamp Donkey

Der seltsame Name verweist auf die merkwürdig schlammgraue Farbe dieses Drinks. Aber lassen Sie sich dadurch nicht abschrecken - das Rezept hat durchschlagende Power und schmeckt auch noch sehr gut.

FÜR 1 PERSON
100 ml Apfelsaft
4 EL Tiefkühl-Brombeeren, plus einige Beeren als Deko (optional)
2 Handvoll Baby-Spinat
1 reife Banane

Alle Zutaten in einen Standmixer geben und schnell zu einem dickflüssigen Smoothie mixen. Sofort mit Eiswürfeln und – nach Belieben – auch mit ein paar Brombeeren servieren.

TOPZUTAT: Spinat ist nicht nur reich an Vitamin C, sondern auch an Flavonoiden, die dem Herz-Kreislauf-System, der Haut, den Augen und sogar der Verdauung sehr zuträglich sind.

H G A
I S P
K V F

GUT FÜR: Blutzuckerkontrolle, hoher Cholesterinspiegel, Verstopfung

Perfekte Birne

Smoothies müssen nicht nur aus Beerenfrüchten bestehen: Birnen sind eine klassische europäische Frucht und wertvoll für unsere Gesundheit. Dieser Drink ist sehr erfrischend und sättigt für mehrere Stunden.

FÜR 1 PERSON
2 reife Birnen
1 reife Banane
100 ml Apfelsaft

Die Birnen vierteln und zusammen mit der Banane und dem Apfelsaft in einem Standmixer zu einem sämigen Smoothie verarbeiten. Sofort – nach Belieben auch mit Eiswürfeln – servieren.

TOPZUTAT: Vielleicht sind Birnen keine sonderlich aufregenden Früchte, haben jedoch hervorragende gesundheitsfördernde Eigenschaften und spielen eine wichtige Rolle bei der Kontrolle des Blutzuckerspiegels. Sie enthalten einige Stoffe, darunter Isorhamnetin und Flavan-3-ol (Catechin), die unsere Insulinempfindlichkeit unterstützen. Ihr hoher Ballaststoffgehalt verlangsamt die Freisetzung von Energie aus der Nahrung und geht damit sozusagen tröpfchenweise in den Blutzucker über. Die Ballaststoffe helfen bei der Bindung von Cholesterin im Verdauungstrakt und befördern dieses aus dem Körper, bevor es aufgenommen werden kann.

Snacks 2 Go

Geht es um gesunde Ernährung, stellt sich vielleicht die Frage, wie das funktionieren soll, wenn Eile geboten ist und man unterwegs schnell eine Kleinigkeit zur Hand haben möchte. Und ich meine damit nicht unbedingt ein Frühstück oder einen Mittagsimbiss für unterwegs. Ich denke dabei eher an einen Snack oder etwas zum Knabbern, wenn wir Lust und Appetit auf etwas verspüren und den kritischen Zeitpunkt überbrücken müssen, da die Versuchung groß wird, nach einem Keks oder einer Packung Chips zu greifen.

Ob Sie aus dem Haus hasten, um die Kinder abzuholen, oder zu einem Besprechungstermin eilen – die nachfolgenden Snacks sind für eine Energiespritze ohne Reue genau das Richtige.

Nüsse sind lecker, proteinhaltig, sättigend und ein herrlicher Genuss. Auch Grünkohlchips sind eine wunderbare Alternative, um den Griff nach Dickmachern zu verhindern.

GUT FÜR:
Gesunde Haut, Funktion weißer Blutkörperchen

Curry-Cashewnüsse

ERGIBT 200 G

200 g Cashewnüsse, natur
1 TL flüssiger Honig
½ TL Currypulver
Meersalz

Den Backofen auf 170 °C (Gas Stufe 3) vorheizen. Ein Backblech mit Backpapier auslegen. Die Cashews in eine Schüssel füllen. Den Honig darüberträufeln und schwenken, bis die Nüsse vom Honig überzogen sind.

Mit dem Currypulver bestreuen und schwenken, bis die Cashews vom Curry bedeckt sind. Mit Meersalz würzen.

Die Nüsse auf dem Backblech ausbreiten und in 10–12 Minuten goldgelb rösten (Achtung – Sie verbrennen leicht). Aus dem Backofen nehmen, abkühlen lassen und in einem luftdicht verschließbaren Gefäß aufbewahren.

TOPZUTAT: Nüsse gelten als zu fettig! Irrtum! Sie enthalten die guten Fette für unseren täglichen Bedarf. Cashews sind zudem reich an Kalzium und Zink, sind also wichtig für das Immunsystem und eine gesunde Haut.

GUT FÜR:
Bluthochdruck & hohe Cholesterinwerte, gesunde Darmflora & Verstopfung, Muskelfunktion

Asia-Style-Grünkohlchips

ERGIBT 2 PORTIONEN

200 g frischer Grünkohl
Olivenöl zum Beträufeln
1 Knoblauchzehe, fein gehackt
1 kleine rote Chilischote, fein gehackt
1 TL flüssiger Honig
2 TL Sojasauce
1 EL stückige Erdnussbutter
¼ TL chinesisches Fünf-Gewürz-Pulver
Meersalz

Den Backofen auf 180 °C (Gas Stufe 4) vorheizen. Die Kohlblätter von den Stängeln trennen. Mit dem Olivenöl beträufeln, salzen und kneten, bis die Blätter weich und schlaff werden.

Die übrigen Zutaten mit 2 TL Wasser zu einer Paste verrühren. Kohlblätter in der Sauce wenden und auf ein Backblech legen. 15–20 Minuten backen, bis sie steif und knusprig sind. Abkühlen lassen und in einem luftdicht verschließbares Gefäß aufbewahren.

TOPZUTAT: Kohl ist reich an Magnesium. Magnesium ist ein wichtiges Spurenelement, das die Gefäßwände weitet und damit den Blutdruck senkt.

H G A
I S P
K V F

GUT FÜR: Hoher Cholesterinspiegel, Verstopfung

Pfeffer-Zimt-Apfelringe

Diese Geschmackskombination klingt vielleicht ungewohnt, aber glauben Sie mir, sie funktioniert und ergibt einen leckeren, lange haltbaren Snack, der jede Hungerattacke auffängt.

FÜR 2 PERSONEN
2 Äpfel
1 TL Zimt
schwarzer Pfeffer

Den Backofen auf 110 °C (Gas Stufe ¼) vorheizen und ein Backblech mit Backpapier auslegen.

Die obere und die untere Kuppe der Äpfel abschneiden. Das Kernhaus ausstechen. Die Äpfel in dünne Ringe schneiden. In einer Schüssel mit dem Zimt und einer Prise Pfeffer bestreuen und wenden.

Die Apfelringe auf dem Blech auslegen und mindestens 2 Stunden backen, bis sie knusprig sind. Da Backöfen unterschiedlich backen, stets kontrollieren, welche Konsistenz die Apfelringe erreicht haben. Die Apfelringe auf einem Drahtgitter abkühlen lassen und in ein luftdicht verschließbares Gefäß füllen.

TOPZUTAT: Äpfel sind für alle empfehlenswert, die einen hohen Cholesterinspiegel haben, denn sie enthalten den löslichen Faserstoff Pektin. Dieser bindet, wie das Beta-Glucan in Haferflocken, das Cholesterin im Verdauungstrakt und befördert es aus dem Körper.

H G A
I S P
K V F

GUT FÜR: Gesunde Haut, Stärkung des Herzens, Verstopfung

Feuerbällchen

Diese köstlichen kleinen Energiebomben liefern in einem Bissen nur die besten Zutaten für unsere Gesundheit. Sie enthalten B-Vitamine, essenzielle Fettsäuren sowie Mineralien und stimulieren die Sinne.

ERGIBT CA. 16 PORTIONEN

200 g Datteln ohne Kerne
50 g Gojibeeren
250 g Nussmix, natur
2 TL Kakaopulver
¼ TL Chilipulver

Sämtliche Zutaten in der Küchenmaschine bei höchster Stufe zu einer glatten Masse verarbeiten. Daraus kleine Kugeln von 2–3 cm Durchmesser formen und 1–2 Stunden kalt stellen. In ein luftdicht verschließbares Gefäß füllen und im Kühlschrank aufbewahren.

CLEVERE KOMBINATION: Dank des Zusammenwirkens von Kakao und Chili entsteht ein pikanter Snack zur Förderung der Durchblutung. Kakao enthält Flavonoide. Diese werden von den Zellen aufgenommen, welche die Blutgefäße auskleiden (Endothelium). Sobald dies geschieht, werden Stickoxide frei, die wiederum die Gefäßwände entspannen. Damit bringen sie den Kreislauf in Schwung und senken vorübergehend den Blutdruck. Chili wiederum enthält Capsaicin, das ähnlich wirkt und ebenfalls die endothelialen Zellen dazu anregt, Stickoxide abzugeben.

H G A
I S P
K V F

GUT FÜR: Hoher Cholesterinspiegel & hoher Blutdruck, gesunde Verdauung

Schoko-Nuss-Haferriegel

Dieser Riegel befriedigt perfekt den kleinen Hunger nach etwas Süßem und Schokoladigem – und ist doch durch und durch gesund. Dunkle Schokolade, in Maßen genossen, ist nicht schädlich. Dieser Riegel ist nichts anderes eine Leckerei. Aber eine gesunde!

ERGIBT 6–8 STÜCK

130 g ungesalzene Butter
100 g Kokosöl
80 g Stevia (siehe Seite 145)
1 TL Vanilleextrakt
700 g Haferflocken
250 g hochwertige dunkle Schokolade (70–80 % Kakaoanteil)
120 g stückige Erdnussbutter (ohne Zusatz von Zucker oder Palmöl)

Die Butter und das Kokosöl schmelzen. Die Stevia, den Vanilleextrakt und die Haferflocken untermischen. Die Hälfte der Mischung in eine rechteckige Backform (23 cm) pressen.

Die Schokolade in Stücke brechen und mit der Erdnussbutter bei niedriger Hitze unter Rühren sanft schmelzen. Sobald sich die Mischung verbunden hat, diese ebenfalls in die Form geben und gleichmäßig verstreichen.

Die restliche Haferflockenmischung darübergeben und festdrücken. Über Nacht in den Kühlschrank stellen. Danach in Riegel schneiden.

CLEVERE KOMBINATION: Haferflocken enthalten den löslichen Ballaststoff Beta-Glucan. Dieser bindet mit seiner gelartigen Textur Cholesterin im Verdauungstrakt und befördert es über den Darm aus dem Körper. Schokolade wiederum kann den Blutdruck zeitweise senken.

H G A
I S P
K V F

GUT FÜR: Gesunde Haut, gesunde Gelenke, Stärkung der Immunabwehr

Dattel-Tahini-Häppchen

Die Zubereitung gesunder Snacks muss nicht aufwändig sein. Diese hier sind im Handumdrehen gemacht und sehr nahrhaft. Versuchen Sie es! Sie werden sie lieben! Die perfekte Option, wenn der Hunger auf Süßes zuschlägt.

FÜR 2 PERSONEN
10 Datteln, entkernt
2 EL Tahini (Sesampaste)

Die beiden Enden der Datteln gerade abschneiden. Anschließend der Länge nach halbieren.

Einen Klacks Tahini auf jede Dattelhälfte geben. Fertig ist das süße, cremige Häppchen.

TOPZUTAT: Tahini oder Sesampaste ist reich an einigen wichtigen Mineralstoffen, darunter vor allem Kalzium und Zink. Es ist also nicht unbedingt nötig, auf Milchprodukte zu setzen, um den Kalziumbedarf zu decken. Zink ist hauptsächlich für ein gesundes Immunsystem und gesunde Haut sowie für die Bildung unserer „Entgiftungsenzyme“ zuständig.

H G A
I S P
K V F

GUT FÜR: Akne & gesunde Haut, Stärkung des Immunsystems, hoher Cholesterinspiegel

Sesam-Schoko-Fudge

Ein Griff in den Kühlschrank, bevor wir uns wieder in die tägliche Tretmühle stürzen, und wir erleben mit diesem Snack Schoko-Glücksgefühle vom Feinsten.

ERGIBT 18 STÜCK

120 g weiße Sesamsamen
60 g Kakaopulver
3 EL Ahornsirup
1 EL Kokosöl + eine extra Portion zum Einfetten

Die Sesamsamen in einer Pfanne goldbraun rösten und erkalten lassen. In einem Mixer bei höchster Einstellung zu einer teigähnlichen Masse verarbeiten. Das kann einige Minuten dauern. Die restlichen Zutaten dazugeben und weiter verarbeiten, bis sie sich zu einer glatten Masse verbunden haben.

Eine viereckige Backform (20 cm) leicht mit Kokosöl einfetten. Die Sesam-Kakaomischung hineingeben und glatt drücken. In den Kühlschrank stellen und 5–6 Stunden fest werden lassen. In 2 cm große Quadrate schneiden. In einem luftdicht verschließbaren Gefäß im Kühlschrank aufbewahren.

TOPZUTAT: Sesamsamen sind reich an Zink, Selen, Kalzium und sogar Eisen. Ein weiterer Inhaltsstoff ist der sekundäre Pflanzenstoff Beta-Sitosterin, das erwiesenermaßen den Cholesterinspiegel senken kann.

H G A
I S P
K V F

GUT FÜR: Fettstoffwechsel, gesunde Verdauung, Antioxidantien-Schub

Dattel-Grüntee-Riegel

Matcha scheint mittlerweile überall in den Verkaufsregalen aufzutauchen. Er ist zwar nicht gerade billig, lohnt sich jedoch in jedem Fall. Seine Wirkung als Antioxidans macht ihn am fortgeschrittenen Nachmittag oder sogar zum Frühstück zu einer echten Energiespritze. Im Grunde sind diese Riegel ungebackene Haferplätzchen.

ERGIBT 18 STÜCK

2 EL Kokosöl
2 EL Gojibeeren
120 g Datteln, entkernt
1 gehäufter EL Matcha (Grünteepulver)
300 g Haferflocken

Das Kokosöl schmelzen. Das geschmolzene Fett, die Gojibeeren und die Datteln in einer Küchenmaschine zu einem Püree verarbeiten. Das Matcha-Pulver und die Haferflocken einrühren. Alles zu einer homogenen Masse vermischen.

In eine quadratische Backform (25 cm) füllen und gut mit dem Löffelrücken andrücken. Im Kühlschrank fest werden lassen. Danach in Riegel schneiden.

TOPZUTAT: Grüntee ist ernährungstechnisch ein wahres Kraftpaket: In ihm stecken hochdosierte, antioxidativ wirkende Polyphenole. Außerdem soll er unter bestimmten Umständen zur Fettverbrennung beitragen, indem er den Körper stimuliert, Fett eher zu verbrennen als anzulagern. Er ist zudem reich an Magnesium, Vitaminen und einer Fülle von wertvollen sekundären Pflanzenstoffen.

Lunchbox

In meinem Metier bekomme ich ständig zu hören, dass berufliche Mittagspausen der Hauptanlass dafür sind, alle Vorsätze für gutes und gesundes Essen über Bord zu werfen. Schuld daran sind ständig steigender Stress am Arbeitsplatz, Zeitmangel und fehlende Angebote in der näheren Umgebung der Arbeitsstelle. Verfällt man den abgepackten Snacks aus dem Automaten oder folgt der Menge in ein nahe gelegenes Imbisslokal, ist häufig schon die Basis für ein dauerhaft ungesundes Essverhalten gelegt. Wie schnell man in diese Falle tappen kann, weiß ich allzu gut aus eigener Erfahrung.

Aber so muss es nicht sein. Mit etwas Organisationstalent können Sie für die Mittagspause Mahlzeiten zubereiten, die gut schmecken, abwechslungsreich sind und – noch wichtiger – ein breites Spektrum an wertvollen Nährstoffen enthalten. Der Schlüssel dazu ist eine kluge Vorausplanung und der Mut, sich das Mittagessen selbst zuzubereiten. Damit verschaffen Sie sich die Kontrolle über die Inhaltsstoffe dessen, was ihrem Körper zugeführt wird. Und all das muss nicht kompliziert sein – es kostet morgens oder am Vorabend nur etwas Zeit. Der Einsatz wird dadurch belohnt, dass Sie mittags ein Gericht genießen können, das gut für Ihre Gesundheit ist.

H G A
I S P
K V F

GUT FÜR: Gesunde Haut & Akne, Gelenke, stabiler Blutzuckerspiegel, Immunabwehr, Aufladen des Energie-Akkus

Bunter Quinoa-Salat mit Granatapfelkernen

Dieses belebende Kraftpaket ist voller interessanter Aromen und Texturen. Granatäpfel sind mittlerweile in vielen Supermärkten erhältlich und das zu einem annehmbaren Preis. Die Mengenangaben können als Vorrat für ein paar Tage problemlos verdoppelt oder verdreifacht werden.

FÜR 1 PERSON
- 50 g Quinoa
- 2 EL gemischte Oliven, gehackt
- ½ orange oder gelbe Paprika, gewürfelt
- 75 g Feta, zerkrümelt
- 1 EL Kapern
- 2 EL Granatapfelkerne
- 2 EL Olivenöl
- 1 TL Balsamico-Essig
- Meersalz und schwarzer Pfeffer

Die Quinoa in einen Stieltopf geben und mit kochendem Wasser aufgießen. 10–15 Minuten kochen, bis die Quinoa weich und glasig ist. Abgießen und abkühlen lassen.

Die Oliven, die Paprika, den Feta, die Kapern und die Granatapfelkerne unter die Quinoa heben und gründlich mischen. Das Olivenöl und den Essig verrühren, salzen und pfeffern, über den Salat geben und erneut mischen. Bis zum Verzehr im Kühlschrank aufbewahren.

TOPZUTAT: Quinoa ist ein hochwertiger, stärkehaltiger Getreideersatz, der uns, ohne viel Zucker ins Blut abzugeben, so nachhaltig Energie liefert, dass wir am Nachmittag nicht zu den verteufelten Energieriegeln greifen müssen. Das Inka-Korn ist reich an Protein und gibt seine Energie nur langsam ab. Außerdem enthält es in hohem Maße Alpha-Linolsäure (ALA), Selen, Zink und Vitamine der B-Gruppe.

H G A
I S P
K V F

GUT FÜR: Ekzeme & Akne, hoher Cholesterinspiegel, gesunde Verdauung & gesunde Darmflora, nachhaltige Energie

Sensationeller Salsa-Salat

Diese sensationelle Kombination ist ein supereinfacher, höchst schmackhafter und sättigender Imbiss. Ohne Kochen ist im Handumdrehen mit etwas Schneidearbeit ein gehaltvolles Mittagessen zubereitet. Drücken gilt nicht.

FÜR 1 PERSON

4 reife Eiertomaten
½ rote Paprika, entkernt und gewürfelt
¼ rote Zwiebel, in dünnen Ringen
1 kleines Bund frischer Koriander, gehackt
1 TL Apfelessig
Meersalz und schwarzer Pfeffer
400 g gemischte Bohnenkerne aus der Dose; Dosenflüssigkeit abgießen und Bohnen mit kaltem Wasser abspülen

Die Tomaten in Scheiben schneiden und eventuell ausgetretenen Saft auffangen. Tomaten mit Saft in einer Schüssel mit der Paprika, den Zwiebeln, dem Koriander und dem Essig mischen. Salz und Pfeffer verleihen der Mischung zusätzlichen Pepp. Die Salsa mit den bunten Bohnenkernen mischen.

TOPZUTAT: Bohnen und Hülsenfrüchte an sich sind aus mehreren Gründen eine wertvolle Bereicherung Ihres Speiseplans: Sie unterstützen den Cholesterin-Abbau im Verdauungstrakt und regen durch ihre Ballaststoffe die Verdauung an. Außerdem sind sie eine gute Eiweißquelle und reich an Mineralstoffen und Vitaminen der B-Gruppe.

H G A I S P K V F

GUT FÜR: Immunabwehr, gesunde Verdauung & gesunde Darmflora

Gebratener Wurzelgemüse-Rucola-Salat

Ein passendes Gericht für einen Montag, wenn vom Sonntagsbraten noch Gemüse übrig geblieben ist. Süßes Wurzelgemüse harmoniert hervorragend mit dem leicht pfeffrigen Rucola.

FÜR 1 PERSON

1 kleine Pastinake
1 Karotte
½ Süßkartoffel
1 EL Olivenöl, + etwas zum Beträufeln
Meersalz und schwarzer Pfeffer
2 TL flüssiger Honig
1 gehäufter TL körniger Senf
1 große Handvoll frischer Rucola
1 kleine Handvoll Nüsse wie Walnüsse oder Pekannüsse
25 g Blauschimmelkäse (z.B. Stilton), optional

TOPZUTAT: Die Süße des Wurzelgemüses rührt von den enthaltenen Oligosacchariden (Mehrfachzuckern) her, die Wachstum und Vermehrung jener guten Darmbakterien stimulieren, die zahlreiche Verdauungsprozesse regeln, angefangen von der Verarbeitung und Aufspaltung von Nährstoffen bis zu Immunfunktionen.

Den Backofen auf 200°C (Gas Stufe 6) vorheizen. Die Pastinake, die Karotte und die Süßkartoffel der Länge nach in schmale Stifte schneiden. Auf ein Backblech legen, mit Olivenöl beträufeln, mit Salz und Pfeffer würzen und ungefähr 30 Minuten im Ofen backen, bis sie weich und an den Schnitträndern leicht gebräunt sind.

Das Dressing herstellen. Dazu den Honig, den Senf und das Olivenöl schaumig schlagen und mit Salz und Pfeffer abschmecken.

Das Wurzelgemüse aus dem Backofen nehmen und abkühlen lassen. Danach mit dem Rucola und dem Dressing vermischen. Die Nüsse und den zerkrümelten Blauschimmelkäse darüberstreuen und sofort servieren.

Falls Sie diesen Imbiss in einer Lunchbox transportieren möchten, Gemüse, Nüsse und Käse einschichten und den Rucola darübergeben. Das Dressing getrennt verpacken und kurz vor dem Verzehr untermischen.

H G A
I S P
K V F

GUT FÜR: Gesunde Gefäße & Bluthochdruck, gesunde Verdauung

Superschneller Soba-Nudel-Salat

Ich hatte das Glück, längere Zeit in Japan zu leben, wo ich zum Liebhaber von Soba-Nudeln wurde. Wir finden sie mittlerweile auch im Sortiment von gut sortierten Supermärkten oder im Asia-Laden. Sie sind in wenigen Minuten zubereitet.

FÜR 1 PERSON

100 g getrocknete Soba-Nudeln
1 Knoblauchzehe, fein gehackt
1 TL flüssiger Honig
2 TL Sojasauce
3 TL Sesamöl
1 EL Olivenöl
6 Cherrytomaten, halbiert
¼ Salatgurke, in Streifen
½ Karotte, gerieben
¼ Zwiebel, in dünnen Ringen
1 TL Sesamsamen, geröstet
1 großer Stängel frischer Koriander (optional)

Salzwasser in einem Topf zum Kochen bringen, die Soba-Nudeln hineingeben und 10 Minuten kochen, bis sie weich sind.

Das Dressing anrühren. Dazu den Knoblauch, den Honig, die Sojasauce, das Sesamöl und das Olivenöl kräftig vermengen.

Die Nudeln abtropfen lassen und zusammen mit den Tomaten, den Gurken, den Karotten und den Zwiebeln in eine Schüssel geben und gut vermischen. Mit den Sesamsamen und den Korianderblättern bestreuen. Diesen Salat können Sie sofort mit dem Dressing vermengen und in der Lunchbox transportieren.

TOPZUTAT: Soba-Nudeln werden aus Buchweizenmehl hergestellt und sind reich an dem Pflanzenwirkstoff Rutin. Dieser wirkt unterstützend bei der Stärkung der Gefäßinnenwände und schützt diese vor Schäden, die zum Beispiel zu Kalkablagerungen führen können.

H G A
I S P
K V F

GUT FÜR: Hoher Cholesterinspiegel & gesundes Herz, Prämenstruelle Symptome (PMS) & Wechseljahresbeschwerden, Gewichtsmanagement

Der unglaubliche Isoflavone-Salat

Eine großartige Mahlzeit für Tage, an dem wir in Turbogeschwindigkeit ein kleines Mittagessen herbeizaubern und doch etwas Anständiges zu uns nehmen möchten. Dieser Salat ist sehr aromatisch und hat eine schöne Textur.

FÜR 1 PERSON

1 Dose Kichererbsen (400 g), abgetropft
1 Handvoll frische Petersilie, gehackt
1 Handvoll frischer Dill, gehackt
¼ Salatgurke, gewürfelt
7–8 Kirschtomaten, geviertelt
2 Frühlingszwiebeln, gehackt
4 EL Orangensaft
1 EL Olivenöl
1 TL Balsamico-Essig
Meersalz und schwarzer Pfeffer

Die Kichererbsen zusammen mit den Kräutern, den Gurken, den Tomaten und den Frühlingszwiebeln vermischen.

Den Orangensaft, das Olivenöl und den Balsamico-Essig zu einer samtigen Vinaigrette aufschlagen. Über den Salat geben, mit Salz und Pfeffer abschmecken und sofort servieren oder in eine Lunchbox geben und bis zum Verzehr im Kühlschrank aufbewahren.

TOPZUTAT: Kichererbsen sind reich an Isoflavonen, hormonaktiven Stoffen aus Pflanzen. Sie sollen bei PMS und Wechseljahresbeschwerden helfen, da sie möglicherweise bei Östrogenmangel helfen können. Dies ist jedoch noch nicht endgültig erwiesen. Davon abgesehen scheinen sie als Appetitzügler und günstig auf das Herz-Kreislauf-System zu wirken.

H G A
I S P
K V F

GUT FÜR: Hoher Cholesterinspiegel, Blutzuckermanagement, gesunde Verdauung

Bulgur-Betain-Box

Die nussige, sättigende Weizengrütze lässt sich in unterschiedlichsten Geschmacksnuancen zubereiten. Hier geschieht dies mit mariniertem Tofu, der ebenso gut durch gekochtes Hühnerfleisch, Fisch oder Meeresfrüchte sowie deren Mix ersetzt werden kann. Bulgur wirkt stabilisierend auf den Blutzuckerspiegel.

FÜR 1 PERSON

75 g Bulgur
¼ Salatgurke, gewürfelt
¼ rote Zwiebel, gewürfelt
8–10 rohe Zuckerschoten
1 Handvoll Babyspinat, fein geschnitten
½ rote Chillischote, Kerne entfernt, fein geschnitten
100 g Adzukibohnen, gegart
100 g marinierter Tofu, in Würfeln
1 EL Olivenöl
2 TL Sojasauce
2 TL Sesamöl, aus gerösteten Samen
Saft von ½ Limette
Salz und schwarzer Pfeffer

Den Bulgur in einem Topf mit kochendem Wasser bedecken. 15–20 Minuten köcheln lassen, bis er gar ist. Abgießen und erkalten lassen.

Den Bulgur mit den Gurken, der roten Zwiebel, den Zuckerschoten, dem Spinat, dem Chili und den Adzukibohnen vermischen. Mit Salz und Pfeffer würzen und den marinierten Tofu vorsichtig unterheben.

Aus dem Olivenöl, der Sojasauce, dem Sesamöl und dem Limettensaft ein schaumiges Dressing herstellen. Über den Salat geben, gut vermischen und in eine Lunchbox füllen.

TOPZUTAT: Bulgur oder Weizengrütze ist reich an Betain. Dieses wirkt unterstützend auf die Leberfunktion und die Kontraktionsfähigkeit des Herzmuskels, entzündungshemmend und senkt den Homocysteinspiegel. Letzterer ist ein Marker für Herz-Kreislauf-Erkrankungen. Zudem ist Bulgur reich an verdauungsfördernden Ballaststoffen und stabilisiert den Blutzuckerspiegel.

H G A
I S P
K V F

GUT FÜR: Gesunde Haut, Nervensystem & Stress, hoher Cholesterinspiegel, Entzündungen

Omega-Power-Salat mit Makrele und Meerrettichdressing

Dieser schmackhafte, frische und aromatische Salat ist ein kräftigender Mittagsimbiss – und eine Abwechslung zum üblichen Sandwich.

FÜR 1 PERSON

100 g Joghurt
2 TL Meerrettich aus dem Glas
Saft von ½ Zitrone
1 EL Olivenöl
Meersalz und schwarzer Pfeffer
2 Handvoll gemischter Blattsalat
6–7 Kirschtomaten, halbiert
½ Salatgurke, gewürfelt
½ rote Paprika, ohne Kerne, gewürfelt
2 gepfefferte Makrelenfilets, enthäutet und in Stücken

In einer kleinen Schüssel den Joghurt mit dem Meerrettich, dem Zitronensaft und dem Olivenöl zu einem cremigen Dressing anrühren. Mit Salz und Pfeffer würzen.

In einer zweiten Schüssel die Salatblätter, die Tomaten, die Gurken, die Paprika und die Makrelenstücke mischen. Das Meerrettichdressing darübergeben und sofort servieren. Falls Sie es mit an den Arbeitsplatz nehmen, das Dressing erst vor dem Verzehr untermischen.

TOPZUTAT: Hier ist die Makrele der Star, denn ihr hoher Gehalt an Omega-3-Fettsäuren wirkt sich günstig auf Haut und Nervensystem aus. Zudem verbessern diese das Verhältnis zwischen gutem und schlechtem Cholesterin und wirken entzündungshemmend auf das Herz-Kreislauf-System sowie den ganzen Körper. Bei diesbezüglichen Problemen gibt es daher nur eins: Rauf mit der Omega-3-Zufuhr.

H G A
I S P
K V F

GUT FÜR: Diabetes Typ 2 & Gewichtskontrolle, Bluthochdruck & hoher Cholesterinspiegel

Stabilisierender Quinoa-Salat mit Lachs &Tsatsiki

Ein erfrischender Imbiss, aromatisch, reich an Nährstoffen, sättigend und mit vielen kühlenden, die Geschmacksnerven belebenden Aromen.

FÜR 1 PERSON

50 g Quinoa
¼ Salatgurke, möglichst fein geschnitten
1 kleines Bund frische Minze, die Blätter grob gehackt
150 g Joghurt
Meersalz und schwarzer Pfeffer
1 Bund frische Petersilie, fein gehackt
1 Stück Lachsfilet, gegart

Die Quinoa in einen Topf geben, mit kochend heißem Wasser überbrühen und zum Kochen bringen. Die Hitze reduzieren und 10–15 Minuten simmern lassen, bis das Inka-Korn gegart ist. Gut abtropfen lassen.

Die Gurke, die Minze und den Joghurt zu einem cremigen Tsatsiki verrühren. Mit Salz und Pfeffer abschmecken.

Die Petersilie unter die Quinoa heben. Mit Salz und Pfeffer würzen und in eine Lunchbox füllen. Das Lachsfilet darauflegen. Mit Tsatsiki garnieren. Im Kühlschrank aufbewahren.

CLEVERE KOMBINATION: Ein Lieferant von Protein und guten Fetten (Lachs) in Kombination mit komplexen Kohlehydraten mit niedrigem GI (Glykämischer Index) geben Energie nur langsam ab und senken den Blutzuckerspiegel, ohne hohe Insulin-Konzentrationen. Je länger man sich auf einen entsprechenden Speiseplan einlässt, desto höher wird die Insulinempfindlichkeit und desto stabiler ist der Blutzuckerspiegel.

H G A I S P K V F

GUT FÜR: Gesunde Haut, gesunde Gelenke, Nervensystem, gesundes Herz

Vitamin-B-Wraps

Diese Vitaminbombe ist ideal für den schnellen Imbiss am Schreibtisch, im Park oder wo auch immer Sie sich in der Mittagspause aufhalten. Lecker und sättigend, hält sie den Energiehaushalt den ganzen Tag hoch.

FÜR 1 PERSON

1 Vollkorn-Tortillafladen
1 EL Tahini
Saft von ½ Zitrone
1 Stück Lachsfilet, gegart
Meersalz und schwarzer Pfeffer
1 große Handvoll Blattsalatmix

TOPZUTAT: Tahini (Sesampaste) ist reich an Thiamin, das für unser Nervensystem so wichtige Vitamin B1. Auch gesunden Gelenken ist es zuträglich, da es die für den Knochenaufbau maßgeblichen Spurenelemente wie Kalzium, Magnesium und Kupfer enthält. Zudem verfügt es über zwei Lignan-Stoffe, das Sesamin und Sesamolin, die zur Senkung des Cholesterinspiegels beitragen können.

Den Tortillafladen flach auslegen und mit der Tahini bestreichen. Den Zitronensaft darüberträufeln.

Den Lachs in Stücken darauf verteilen. Mit Salz und Pfeffer würzen und mit Salatblättern bedecken. Den Fladen aufrollen und halbieren. Sofort genießen oder in Frischhaltefolie wickeln und bis zum Verzehr im Kühlschrank lagern.

Dieser Wrap schmeckt am besten frisch und sollte noch am selben Tag verzehrt werden. Sie können die Zitronensaft-Tahini-Mischung sowie die restlichen Zutaten auch getrennt mit ins Büro nehmen und alles Weitere dort zubereiten.

H G A
I S P
K V F

GUT FÜR: Gesunde Haut, Immunsystem, gesunde Prostata

Powerhouse-Salat mit Hühnchen & Grapefruit

Ein unvergleichlicher Sommersalat! Er ist leicht, bodenständig und ideal für eine Abendmahlzeit im größeren Kreis. Wenn Sie bereits fertig gebratene Hühnerbrust verwenden, geht es noch schneller.

FÜR 1 PERSON

1 große Hühnerbrust
2 EL Olivenöl + etwas zum Beträufeln
1 rosa Grapefruit
3 Handvoll Blattsalatmix aus Brunnenkresse, Rucola und Babyspinat
½ Fenchelknolle, dünn gehobelt
1 TL Balsamico-Essig
¼ TL getrocknete, gemischte Kräuter
Meersalz und schwarzer Pfeffer

TOPZUTAT: Rosa Grapefruits sind reich an Vitamin C. Für die schöne rosarote Färbung ist das Lycopin zuständig, das die Gefahr einer Cholesterinoxidation reduzieren und für eine gesunde Prostata sorgen kann. Zudem enthält diese Frucht das wertvolle Limonen als Zellschutz.

Den Backofen auf 200 °C (Gas Stufe 6) vorheizen. Die Hühnerbrust auf ein Backblech legen, mit etwas Olivenöl beträufeln, mit Salz und Pfeffer würzen und 25–30 Minuten braten, bis das Fleisch gar ist. Abkühlen lassen.

In der Zwischenzeit die Grapefruit schälen und filettieren. Dazu mit einem scharfen Messer die dünne Haut aufschneiden und das Fleisch im Ganzen vorsichtig herausschälen. Den austretenden Saft auffangen. Die Haut von der Hühnerbrust entfernen, das Fleisch in Streifen schneiden und zusammen mit dem Salat und dem Fenchel in eine Schüssel geben.

Das Olivenöl, den Balsamico und die Kräuter schaumig aufschlagen. Mit Salz und Pfeffer würzen. Die Grapefruitfilets auf dem Salat verteilen und das Dressing darübergeben. Sofort servieren. Falls Sie den Salat in einer Lunchbox transportieren möchten, das Hühnerfleisch, den Fenchel und die Grapefruit mit dem Dressing vermischen, in die Box füllen und mit Salatblättern bedecken. Im Kühlschrank aufbewahren und erst vor dem Verzehr gut durchmischen.

H G A
I S P
K V F

GUT FÜR: Erkältungen & Grippe, Blutzuckermanagement, Bluthochdruck

Pikante Hühnchen-Salaträllchen

Ein Snack, der sich perfekt am Vorabend vorbereiten lässt. Mit seinem niedrigen GI (Glykämischer Index) hält er Ihren Blutzuckerspiegel stabil und vermeidet die übliche Müdigkeit nach dem Essen. Außerdem schmeckt er sicher besser als das Sandwich von der Tankstelle.

FÜR 1 PERSON

3 TL flüssiger Honig
1 TL Sojasauce
1 rote Chilischote, fein gehackt
½ TL Knoblauchpulver
1 große oder 2 kleine Hühnerbrüste ohne Haut
Olivenöl, zum Braten
4–5 Kopfsalatblätter
¼ rote Zwiebel, in Scheiben
1 Handvoll gesalzene Erdnüsse
5–6 Kirschtomaten, geviertelt

CLEVERE KOMBINATION:
Hier geht es mehr um das, was in diesem Snack *nicht* enthalten ist; die Salatblätter ersetzen stärkehaltige Getreidewraps oder Fladen, die den Blutzucker schlagartig in die Höhe treiben könnten. Dafür gibt es Proteine und Gemüse, die sättigen und den Blutzucker stabil halten.

Den Honig, die Sojasauce, den Chili und das Knoblauchpulver in einer Schüssel mischen.

Die Hühnerbrust in Würfel schneiden und in die Honig-Sojamischung geben. Gut verrühren und einige Minuten darin marinieren.

Das Olivenöl in einer beschichteten Pfanne auf mittlerer Flamme erhitzen. Das Hühnerfleisch mit der Marinade hineingeben und 5–6 Minuten braten, bis das Fleisch gar ist und die Marinade dunkel wird und karamellisiert. Vom Herd nehmen und abkühlen lassen.

H G A
I S P
K V F

GUT FÜR: Leichte Schmerzen & Entzündungen, gesunde Verdauung

Selleriecremesuppe

Sellerie gerät oft zu Unrecht in Vergessenheit. Er hat ein frisches, lebendiges Aroma und eine samtige Textur. Suppen sind für einen Lunch zum Mitnehmen ideal. Sie sättigen und können problemlos in größeren Mengen zubereitet werden.

FÜR 1–2 PERSONEN

- Olivenöl, zum Braten
- 1 große, weiße Zwiebel, fein gehackt
- 2 Knoblauchzehen, fein gehackt
- 1 mittelgroße Sellerieknolle, geschält und gewürfelt (+ etwas zur Dekoration, optional)
- 750 ml Gemüsebrühe
- Meersalz und schwarzer Pfeffer
- 1 Stängel frische Petersilie, gehackt

Etwas Olivenöl in einem größeren Topf erhitzen, die Zwiebeln und den Knoblauch 4–5 Minuten darin andünsten. Die Selleriewürfel dazugeben und weitere 5 Minuten dünsten.

Mit Gemüsebrühe aufgießen, zum Kochen bringen, die Hitze reduzieren und köcheln lassen, bis der Sellerie weich ist (ungefähr 10–15 Minuten).

In einen Standmixer geben oder mit einem Stabmixer zu einer cremigen, samtigen Suppe pürieren. Mit Salz und Pfeffer würzen und die Petersilie einstreuen. Wenn Sie mögen, die restlichen Selleriestreifen in heißem Olivenöl knusprig braten und über die Suppe streuen.

TOPZUTAT: Knollensellerie scheint erstaunlicherweise ein ausgesprochen entzündungshemmendes Gemüse zu sein. Es enthält Polysaccharide, die lokal Entzündungen von Haut oder Gewebe beruhigen – eine Eigenschaft, die auch im oberen bis mittleren Verdauungstrakt Wirkung hat. Außerdem enthält er den ebenfalls entzündungshemmenden Wirkstoff 3-n-Butylphthalid (3NB).

H G A
I S P
K V F

GUT FÜR: Gesunde Haut, Sehvermögen, Herz-Kreislauf-System, gesunde Verdauung, gesunde Prostata, Entzündungen

Lycopin-aktivierende Tomaten-Weiße-Bohnen-Suppe

Diese Suppe ist in Turbogeschwindigkeit fertig, vereint frische und konservierte Zutaten und ist ein richtiger Energiebooster!

FÜR 1 PERSON

- Olivenöl, zum Braten
- 1 große rote Zwiebel, fein gehackt
- 2 Knoblauchzehen, fein gehackt
- 1 Dose gehackte Tomaten (400 g)
- 200 ml Gemüsebrühe
- 1 kleines Stück Butter
- Meersalz und Schwarzer Pfeffer
- 1 Dose Cannellini-Bohnen (400 g), abgetropft
- 1 Stängel frische Petersilie, gehackt (optional)

Das Olivenöl in einem Topf erhitzen, die Zwiebeln und den Knoblauch dazugeben und auf kleiner Flamme in 4–5 Minuten glasig dünsten. Mit den Tomaten auffüllen, zum Kochen bringen, die Hitze reduzieren und 8 Minuten köcheln lassen.

Die Gemüsebrühe angießen, ein Stück Butter dazugeben und die Suppe pürieren. Mit Salz und Pfeffer würzen.

In den Topf zurückgießen und die Cannellini-Bohnen untermischen. Erneut erhitzen und mit Petersilie bestreuen.

TOPZUTAT: Während in Dosentomaten Vitamin C vermutlich größtenteils verloren gegangen ist, werden andere wirksame Inhaltsstoffe durch die Konservierung für den Körper leichter absorbierbar. Tomaten sind reich an Carotinoiden wie Beta-Carotin und Lycopin. Bei einem Verzehr von Tomaten über einen längeren Zeitraum kann die Gefahr einer Vergrößerung der Prostata verringert werden, das Herz-Kreislauf-System und gutes Sehvermögen werden unterstützt und Entzündungen werden gemindert.

H G A
I S P
K V F

GUT FÜR: Funktion der weißen Blutkörperchen, Bluthochdruck, Gefäßschutz & hoher Cholesterinspiegel

Miso-Shiitake-Nudelsuppe

Seit meiner Zeit in Südostasien liebe ich Nudelsuppen. Sie sind einfach, sättigend und definitiv eine Abwechslung zu den üblichen Mittagsmahlzeiten. Das nachfolgende Rezept sollte am Vorabend zubereitet werden.

FÜR 1 PERSON

1 Portion getrocknete Soba-Nudeln
Olivenöl
250 g Shiitake-Pilze
1 ½ EL Misopaste
Meersalz und schwarzer Pfeffer
1 kleine Handvoll frischer Koriander (optional)
1 Kopf Pak Choi

TOPZUTAT:
Misopaste enthält jede Menge wertvolle Nährstoffe. Sie ist reich an wichtigen Aminosäuren, Proteinen, dazu an Kalzium, Magnesium und Folat (Folsäure) sowie nicht zuletzt an Isoflavonen, die bei PMS und hohem Cholesterinspiegel helfen.

Wasser in einem Topf zum Kochen bringen. Die Nudeln hinzufügen und 10 Minuten köcheln lassen, bis sie gar sind. Abgießen und etwas Olivenöl untermischen, damit sie nicht zusammenkleben.

Etwas Olivenöl in einem Topf erhitzen, die Pilze dazugeben und 4–5 Minuten braten. Die Misopaste kräftig einrühren.

400 ml heißes Wasser angießen, 1 Minute köcheln lassen, mit Salz und Pfeffer abschmecken und in eine Lunchbox geben. Die fertigen Nudeln, den Koriander und den rohen Pak Choi in ein separates Gefäß füllen.

Vor dem Verzehr die Kohlblätter in Stücke zupfen und in die Misosuppe geben. Anschließend die Suppe in der Mikrowelle oder auf dem Herd erhitzen. Die Nudeln und den Koriander hinzufügen und sofort genießen.

H G A
I S P
H V F

GUT FÜR: Gesunde Gelenke, Erkältungen & Grippe, hoher Cholesterinspiegel

Magische Pilzsuppe

Na, ist Ihre Neugier geweckt? Keine Sorge, die Zutaten bewegen sich nicht am Rande der Legalität. Aber was Aroma und Textur betrifft, ist diese Suppe reinste Magie.

FÜR 1 PERSON

30 g getrocknete Steinpilze
Olivenöl, zum Anbraten
1 große, weiße Zwiebel, gehackt
2 Knoblauchzehen, fein gehackt
250 g Maronen-Röhrlinge, gehackt
250 Shiitake-Pilze, gehackt
3 TL Gemüsebrühepulver
Meersalz und schwarzer Pfeffer

Die getrockneten Steinpilze in eine feuerfeste Schüssel geben und mit 400 ml heißem Wasser aufgießen.

In einem größeren Topf das Olivenöl erhitzen, die Zwiebeln und den Knoblauch dazugeben und 4–5 Minuten dünsten. Die gehackten Maronen-Röhrlinge und die Shiitake-Pilze hinzufügen und 10 Minuten mitbraten.

Die eingeweichten Steinpilze samt Marinade (Steinchen usw. herausfiltern) und das Gemüsebrühepulver einrühren und weitere 10 Minuten köcheln lassen. Sobald die Pilze gar sind, die Suppe pürieren. Mit Salz und Pfeffer würzen und heiß servieren.

TOPZUTAT: Shiitake-Pilze enthalten einzigartige Polysaccharide (Kohlehydrate), welche die Produktion weißer Blutkörperchen durch Interaktion mit Bereichen des Darms, bekannt als GALT (darmassoziiertes lymphatisches Gewebe), stimulieren. Dadurch kommt ein Reflex in Gang, der den Körper in Alarmbereitschaft versetzt und die Produktion weißer Blutkörperchen auslöst. Je mehr weiße Blutkörperchen im Umlauf sind, desto stärker ist unser Immunsystem.

Leckere Häppchen für Zwischendurch

Drei Mahlzeiten am Tag funktionieren nicht für jeden und sind auch nicht immer zweckmäßig. Manch einen hält ein kleiner Snack alle paar Stunden bei Laune. Kleine, gesunde Zwischenmahlzeiten können den Blutzuckerspiegel stabil halten und sind hilfreich bei der Gewichtskontrolle. In diesem Zusammenhang werde ich häufig gefragt, welche Optionen Menschen bei plötzlichen Hungerattacken haben, wenn sie etwas Substanzielleres als ein Stück Obst oder ein paar Nüsse genießen möchten.

Versuchen Sie daher einige der folgenden köstlichen und im Handumdrehen zubereiteten Snacks: Diese leckeren Dips aus ganz alltäglichen Zutaten überbrücken den kleinen Hunger zwischendurch. Ich bin sicher, der ein oder andere sagt Ihnen zu. Sie können diese Snacks entweder auf Vorrat im Kühlschrank aufbewahren oder frisch zubereiten.

H G A
I S P
K V F

GUT FÜR: Gesunde Haut, Bluthochdruck & hoher Cholesterinspiegel, Allergien

Gurken-Canapés

Als Häppchen für zwischendurch mit vielen guten Eigenschaften sind diese minutenschnellen, super einfach zubereiteten Canapés die ideale Lösung.

FÜR 4 PERSONEN
- 200 g Kalamata-Oliven, ohne Kerne
- 2 EL Olivenöl
- Meersalz und schwarzer Pfeffer
- 150 g sonnengetrocknete Tomaten
- 50 g Feta
- ½ Salatgurke, in Scheiben

Erster Belag: Die Oliven und die Hälfte des Olivenöls in einem Standmixer auf niedriger Stufe langsam zu einer groben Paste verarbeiten. Bei Bedarf mit Salz und Pfeffer abschmecken.

Zweiter Belag: Die sonnengetrockneten Tomaten, den Feta-Käse und das restliche Olivenöl in einem Standmixer bei höchster Einstellung zu einer glatten, cremigen Paste pürieren. Bei Bedarf mit Salz und Pfeffer abschmecken.

Jede Gurkenscheibe abwechselnd mit den unterschiedlichen Belägen bestreichen.

TOPZUTAT: Oliven haben viele positive Inhaltsstoffe und sind besonders dem Herz-Kreislauf-System zuträglich. Sie sind reich an einfach ungesättigten Fettsäuren wie der Ölsäure, die nachweislich das schlechte LDL-Cholesterin reduziert, ohne das nützliche anzutasten, und blutdrucksenkend wirkt. Darüber hinaus mindern sie durch Histamine ausgelöste Entzündungen und sind wertvolle Antioxidantien.

H G A
I S P
K V F

GUT FÜR: Hoher Cholesterinspiegel, Verstopfung

Herzgesundes Rote Bohnen-Püree mit knackigem Gemüse

Bei mir zu Hause ist dieser Dip ein so beliebter Mittagssnack, dass die letzten Reste aus der Schüssel häufig heiß umkämpft sind. Es ist der perfekte Lunch am Arbeitsplatz sowie eine ideale Vorspeise oder ein Snack für zwischendurch.

FÜR 1–2 PERSONEN

400 g Adzuki-Bohnen, gegart
2 Knoblauchzehen, zerdrückt
Saft von ½ Zitrone
4 EL Olivenöl
Meersalz und schwarzer Pfeffer
frisches, rohes Gemüse wie Karotten, Staudensellerie, Salatgurke, Paprika oder Radieschen

Die Bohnen, den Knoblauch, den Zitronensaft und das Olivenöl in einen Standmixer füllen, mit Salz und Pfeffer würzen und zu einem glatten Püree verarbeiten.

Das Gemüse in dünne oder dickere Stifte schneiden oder halbieren.

Den Dip und das Gemüse getrennt einpacken und bis zum Verzehr gekühlt aufbewahren. Das Bohnen-Püree in eine Schüssel füllen und in die Mitte eines großen Tabletts stellen. Das Gemüse um die Schüssel herum anrichten.

TOPZUTAT: Knoblauch enthält Allicin, das die Reduzierung des bösen LDL-Cholesterins unterstützt, sowie Ajoene, welche die Gerinnungsfaktoren gering halten. Eine Tatsache, die Knoblauch bei hohem Cholesterinspiegel so empfehlenswert macht.

H G A
I S P
K V F

GUT FÜR: Gesundes Herz, gesunde Verdauung

Baba Ghanoush mit Pita-Streifen

ist als Vorspeise, beim Grillen, beim Picknick und als Lunch ein Highlight. Viele Rezepte schreiben als Zutat im Ganzen im Ofen gebackene Auberginen vor, deren Fleisch dann herausgeschabt wird. Ernährungswissenschaftlich ist das nicht empfehlenswert. Bei mir bleibt die Haut dran.

FÜR 1–2 PERSONEN

1 große Aubergine, gewürfelt
Olivenöl
Meersalz und schwarzer Pfeffer
1 EL Tahini
1 große Knoblauchzehe, zerdrückt
Saft von 1 Zitrone
2 Vollkorn-Pitabrote

TOPZUTAT: In der Haut der Auberginen finden wir das Anthocyan „Nasunin". Letzteres hat sich in einigen Tests als wirksames Antioxidans erwiesen. Außerdem wirken sich Anthocyane positiv auf das Herz-Kreislauf-System und die kognitive Leistungsfähigkeit aus.

Den Backofen auf 200 °C (Gas Stufe 6) vorheizen. Die Auberginenwürfel in eine Auflaufform füllen, mit Olivenöl beträufeln und mit Salz und Pfeffer würzen. Im Backofen 20–30 Minuten rösten, bis das Fleisch weich ist und an den Rändern leicht karamellisiert.

Aus dem Backofen nehmen, etwas abkühlen lassen, zusammen mit der Tahini, dem Knoblauch und dem Zitronensaft in den Mixer geben. Mit Salz und Pfeffer würzen. Bei höchster Einstellung zu einer cremigen Paste verarbeiten.

Die Pitabrote toasten, in Streifen schneiden und mit dem Baba Ghanoush servieren. Möchten Sie die Pitastreifen schon getoastet transportieren, zerteilen Sie diese in Stücke und rösten Sie sie 5–10 Minuten im Ofen.

H G A
I S P
K V F

GUT FÜR: Immunsystem, hoher Cholesterinspiegel

Sonnenblumen-Hummus mit Knoblauch

Ich bin ein Fan von Hummus, und nachfolgende Mischung ist nussig und opulent im Geschmack sowie reich an lebenswichtigen Nährstoffen. Der Dip schmeckt köstlich mit Gemüsesticks, Haferkeksen oder pur!

FÜR 1 PERSON

150 g Sonnenblumenkerne
2 Knoblauchzehen, fein gehackt
1 EL Tahini
Saft von 1 Zitrone
3 EL Olivenöl
Meersalz

Beginnen Sie am besten am Vortag. Die Sonnenblumenkerne in eine Schüssel geben, mit Wasser bedecken und 24 Stunden einweichen. Das Wasser abgießen und mit dem nächsten Schritt beginnen.

Die Sonnenblumenkerne, den Knoblauch, die Tahini, den Zitronensaft und das Olivenöl in einem Mixer schnell zu einer cremigen, glatten Paste verarbeiten. Mit Meersalz würzen und im Kühlschrank aufbewahren.

TOPZUTAT: Sonnenblumenkerne sollten nicht nur in Müslimischungen auf den Tisch kommen. Sie sind reich an jenen Phytosterinen, die wir aus cholesterinsenkenden Drinks kennen. Sie reduzieren Cholesterin, indem sie es im Verdauungstrakt binden und aus dem Körper transportieren, und enthalten zusätzlich viel Zink, Selen und Kalzium.

GUT FÜR: Gesunde Gelenke, Nervensystem, gesunde Darmflora

Feta-Paté mit Grühnkohl & Dill

ist das Paradebeispiel für einen Dip, der minutenschnell angerührt ist und nur im Kühlschrank darauf wartet, dass die Hungerattacke zuschlägt. Der Dip schmeckt hervorragend auf einem Hafercracker, mit Gemüsesticks oder auf einem Mehrkorntoast.

FÜR 1–2 PERSONEN

- 2 Handvoll Grünkohlblätter
- 100 g fettreduzierter Frischkäse
- 100 g Feta
- ½ TL Kapern
- 5 g frischer Dill, grob gehackt
- 1 EL Olivenöl
- Hafercracker oder frische Gemüsesticks (optional)
- Meersalz und schwarzer Pfeffer

Die Grünkohlblätter von Stängeln und Rippen befreien. Einen Topf mit Wasser zum Kochen bringen und den Kohl in einem Dampfeinsatz 5–8 Minuten poschieren. Herausnehmen und mit kaltem Wasser abschrecken.

Den Kohl und sämtliche übrigen Zutaten in einen Mixer geben und zu einer cremigen Paste verarbeiten. Mit Salz und Pfeffer würzen. Mit Gemüsesticks oder Hafercrackern servieren.

CLEVERE KOMBINATION: Grünkohl ist reich an Ballaststoffen sowie an Magnesium, jenem Mineralstoff, an dem es bei unserem modernen Ernährungsverhalten so häufig mangelt. Dabei ist er für zahlreiche biochemische Vorgänge in unserem Körper dringend nötig. Außerdem enthält Grünkohl Carotinoide (Antioxidantien), und die Fette in Feta und Weichkäse sorgen dafür, dass unser Körper diese besser aufnehmen kann.

Für den schnellen Hunger

Nach einem langen Arbeitstag habe ich Mühe, den guten Vorsätzen für eine ausgewogene, gesunde Ernährung zu folgen. Meine Arbeitszeiten sind bestenfalls chaotisch und nach einem anstrengenden Tag ist die Vorstellung der reine Horror, noch Stunden in der Küche agieren zu müssen. Zum Glück erfordert gesundes Essen keine übertriebenen kulinarischen Raffinessen. Es lohnt sich also nicht, nach der abgegriffenen Bestellliste des Lieferservice zu kramen. Was ich dann zu Hause koche, ist eine schnelle, unkomplizierte, dabei frisch zubereitete und einfallsreiche Mahlzeit, die einfach gut schmecken muss.

Trümpfe im Ärmel sind die sogenannten One Pot Wonders, ein Griff in die Trickkiste sowie sofort verfügbare Zutaten. Grundlage sind schlichte Zubereitungsmethoden, bei denen durchaus einzelne Fertigprodukte, vorgekochte Zutaten und Gefrierkost zum Zuge kommen. In kürzester Zeit können Sie eine schnelle, leckere und gesunde Mahlzeit auf den Tisch bringen, deren Inhalt Sie bestimmen. Aktivieren Sie Ihr Organisationstalent, werden Sie kreativ und bleiben Sie gesund.

GUT FÜR: Blähungen, Wasseransammlungen im Gewebe

Pasta mit Erbsen, Fenchel, Minze & Petersilie

Das schnelle Nudelgericht muss nicht tabu sein, wenn Vollkornpasta und gesunde Zutaten mit von der Partie sind. Das folgende Gericht ist praktisch, voller köstlicher Aromen und gut für die Gesundheit.

FÜR 1 PERSON

Olivenöl, zum Braten
1 kleine Fenchelknolle, dünn geschnitten
2 EL Tiefkühlerbsen
750 g Vollkornspaghetti
6–7 frische Minzeblätter, gehackt
1 Stängel frischer Petersilie, gehackt
2 EL frisch geriebener Parmesan
Meersalz und schwarzer Pfeffer

Etwas Olivenöl in einer Pfanne erhitzen, den Fenchel hineingeben und in 4–5 Minuten weich dünsten. Die Erbsen dazugeben und 1–2 Minuten weiterdünsten.

Wasser in einem größeren Topf zum Kochen bringen, die Pasta hineingeben und in 8–9 Minuten al dente kochen. Gut abtropfen lassen, zu dem Fenchel und den Erbsen geben und gut vermengen. Die Minze, die Petersilie und 1 EL Parmesan unterheben. Mit Salz und Pfeffer abschmecken und erneut mischen. Mit dem restlichen Parmesan bestreut servieren.

TOPZUTAT: Fenchel ist ein verkanntes Wunder an Vielfalt, reich vor allem an ätherischen Ölen, die Blähungen verhindern, indem sie die Darmwände entspannen. Besonders wichtig ist das hochwirksame ätherische Öl Anethol, das gleichzeitig entzündungshemmend wirkt.

H G A I S P K V F

GUT FÜR: Immunsystem, Verstopfung, Angstzustände & Stress

Rot, Weiß & Grün ist das ultimative, einfache und leichte Abendessen. Die perfekte Lösung an Tagen, an denen man erschöpft nach Hause kommt und schnell und ohne lange nachzudenken etwas auf den Tisch bringen möchte. Soll es noch schneller gehen, kann der Hummus durch ein Fertigprodukt aus dem Supermarkt ersetzt werden.

FÜR 1 PERSON

1 Dose Cannellini-Bohnen (400 g), abgetropft
1 Knoblauchzehe, zerdrückt
Saft von ¼ Zitrone
4 EL Olivenöl
Meersalz und schwarzer Pfeffer
2 Scheiben Mehrkornbrot
1 Handvoll Babyspinatblätter
2 Eiertomaten, fein gehackt

Die gut abgetropften Bohnen, den Knoblauch, den Zitronensaft und das Olivenöl in einen Mixer geben, pfeffern und salzen und zu einem cremigen Püree verarbeiten.

Die Brotscheiben toasten. Mit dem Babyspinat, dann mit dem Bohnenpüree und anschließend mit den gehackten Tomaten belegen.

CLEVERE KOMBINATION: Bohnenpüree ist die Geheimwaffe für Niedergeschlagenheit und Erschöpfung im Alltag, ein Allheilmittel für das Immunsystem. Der Knoblauch glänzt dabei mit seinen antiviralen, ätherischen Ölen, während Bohnen reich an Zink sind, das die Aktivität der weißen Blutkörperchen (Abwehrzellen) reguliert.

GUT FÜR: Verstopfung & gesunde Darmflora

Bio-Booster-Akonomiyaki

ist eine Art japanischer Pfannkuchen und für ein schnelles Abendessen wie geschaffen. Die Pfannkuchen sind ideal für Gelüste nach etwas Köstlichem und doch Gesundem – also ein superschneller Leckerbissen, den Sie ohne Reue genießen können.

FÜR 1 PERSON

100 g Vollkornmehl
2 Eier, schaumig aufgeschlagen
1 große Handvoll Grünkohl
1 große Karotte, gerieben
1 große Stange Lauch, in dünnen Scheiben
2 EL gemahlene Leinsamen
Meersalz und schwarzer Pfeffer
1 TL Sesamöl
2 EL Sojasauce
1 TL Cidre-Essig
1 TL flüssiger Honig
2 cm frische Ingwerwurzel, klein gehackt
½ roter Chili, fein gehackt
Kokosöl zum Braten
Salatblätter zum Anrichten

CLEVERE KOMBINATION:
Die Verwendung von ballaststoffreichen, präbiotischen und probiotischen Zutaten wie Lauch und Kohl fördert in vielerlei Hinsicht lang- und kurzfristig die Verdauung.

Das Mehl, die Eier, den zerkleinerten Kohl, die Karotten, den Lauch und die Leinsamen in einer großen Schüssel gründlich mischen, bis das Gemüse von einer Art Panade umgeben ist. Mit Salz und Pfeffer abschmecken.

Aus dem Sesamöl, der Sojasauce, dem Essig, dem Honig, dem Ingwer und dem Chili in einer kleinen Schüssel einen flüssigen Dip anrühren. Beiseite stellen.

Etwas Kokosöl in einer großen beschichteten Pfanne schmelzen. Das Fett sollte den Pfannenboden bedecken.

Löffelweise die Gemüseteigmischung in die Pfanne geben, zu einem Pfannkuchen flachdrücken. Jeweils 2–3 Minuten braten und dann wenden. Diesen Vorgang wiederholen, bis der Pfannkuchen goldbraun und knusprig ist. In Streifen schneiden und zusammen mit Salatblättern und dem Dip servieren.

H G A
I S P
K V F

GUT FÜR: Erkältung & Grippe, gesundes Immunsystem, Herz & Blutgefäße, gesunde Verdauung

Kräftigendes Pad-Thai

Das Thainudelgericht mit seinen hochwirksamen Zutaten gibt dem Immunsystem einen regelrechten Kick. Ich bereite es häufig mit Tamarindenpaste zu, aber da es diese nicht überall zu kaufen gibt, darf sie ruhig weggelassen werden.

FÜR 2 PERSONEN

125 g flache Reisnudeln
Olivenöl, zum Braten
1 rote Zwiebel, halbiert und in Scheiben geschnitten
2 Frühlingszwiebeln
2 Knoblauchzehen, klein gehackt
1 rote Chilischote, gehackt und mit Kernen
75 g Shiitake-Pilze
Saft von 1 Zitrone
2 TL Tamarindenpaste (optional)
2 TL Fischsauce
2 TL Sojasauce
2 TL flüssiger Honig
1 Handvoll gesalzene Erdnüsse
1 kleines Bund frischer Koriander, grob gehackt
Meersalz

Die Reisnudeln in einer Schüssel mit heißem Wasser überbrühen. Ungefähr 15 Minuten lang einweichen, bis sie weich sind.

In der Zwischenzeit etwas Olivenöl in einem Wok oder einer großen Pfanne erhitzen. Die Zwiebelringe, die Frühlingszwiebeln, den Knoblauch und den Chili dazugeben und unter Rühren in 3–4 Minuten glasig braten. Mit Salz würzen. Die Shiitake unterheben und weiterbraten, bis diese gar sind.

Die Nudeln abgießen und in die Pfanne geben. Gut mischen und die Hitze reduzieren. Den Zitronensaft, die Tamarindenpaste (optional), die Fischsauce, die Sojasauce und den Honig einrühren. Auf einer Platte anrichten und mit Erdnüssen und Koriander bestreuen.

CLEVERE KOMBINATION: Eine großartige Mahlzeit bei Erschöpfungszuständen oder einer drohenden Erkältung. Die Kombination aus antiviralem Knoblauch, den Abwehrstoffe mobilisierenden Shiitake und dem abschwellend wirkenden Chili bringt schnelle Hilfe.

H G A
I S P
K V F

GUT FÜR: Akne, gesunde Knochen, Immunabwehr, Angstzustände & Stress

Knochenstärkender Fünf-Gewürze-Kalmar

Lassen Sie sich durch die Zutat Tintenfisch nicht abschrecken. Dieses Gericht vereint geballte exotische Aromen mit unglaublichem Nährstoffreichtum. Es gehört zu den Speisen, die süchtig machen.

FÜR 1 PERSON

- Olivenöl, zum Braten
- ½ rote Zwiebel, in Ringe geschnitten
- 1 Knoblauchzehe, klein gehackt
- 120 g Grünkohl
- 1 Schuss Sojasauce
- 2 große oder mittelgroße Tintenfischtuben
- ½ TL chinesisches Fünf-Gewürz-Pulver
- Meersalz und schwarzer Pfeffer
- 1 TL Cashewkerne

Etwas Olivenöl in einer Pfanne erhitzen. Die Zwiebeln und den Knoblauch darin in 2–3 Minuten glasig werden lassen. Die Grünkohlblätter von Rippen und Stängeln befreien. Die Blätter in die Pfanne geben und mitbraten, bis sie hellgrün und weich zu werden beginnen. Die Sojasauce angießen und beiseite stellen.

Etwas Olivenöl in einer Grillpfanne oder Bratpfanne stark erhitzen. Die Tintenfischtuben darin 3 Minuten lang auf einer Seite anbraten. Mit dem Fünf-Gewürz-Pulver bestreuen, mit Salz und Pfeffer würzen. Die Tuben wenden und weiterbraten, insgesamt höchstens 6–7 Minuten.

Die Cashewkerne unter das Gemüse heben und mit dem Tintenfisch servieren.

TOPZUTAT: Viele scheuen sich, Tintenfische zu verwenden. Dabei sind diese reich an immunstärkenden Spurenelementen wie Selen und Zink, dazu ausgesprochen mager und proteinreich.

H G A
I S P
K V F

GUT FÜR: Gesunde Haut, gesunde Gelenke, Immunabwehr, Nervensystem

Hautpflegender Meeresfrüchte-One-Pot

Dieses Gericht verdanke ich guten Freunden, bei denen ich es zum ersten Mal gegessen habe. Ich habe damit ein wenig herumexperimentiert und inzwischen ist es eines unserer Leib- und Magengerichte geworden. Ohne Beilage ist es als leichte Abendmahlzeit ideal und hat mit Quinoa und Salat mehr Substanz.

FÜR 2 PERSONEN

Olivenöl, zum Braten
1 große rote Zwiebel, fein gehackt
2 Knoblauchzehen, klein gehackt
500 g passierte Tomaten
1 Lachsfilet ohne Haut, grob gewürfelt
2 große oder 4 kleine frische Tintenfischtuben, in Ringe geschnitten
150 g rohe Garnelen, ungeschält
3 Handvoll Babyspinat
2 EL grüne Oliven, gehackt
Meersalz und schwarzer Pfeffer

Etwas Olivenöl in einer Pfanne erhitzen. Die Zwiebeln und den Knoblauch dazugeben und in 4–5 Minuten weich braten. Die Tomaten angießen und 3–4 Minuten lang köcheln lassen.

Die Lachswürfel hinzufügen und 4–5 Minuten lang weiterköcheln. Schließlich den Tintenfisch und die Garnelen einrühren und in 2–3 Minuten gar werden lassen. Den Spinat und die Oliven dazugeben, mit Salz und Pfeffer würzen und weitere 2 Minuten dünsten, bis der Spinat weich ist. Sofort servieren.

TOPZUTAT: Garnelen enthalten das wertvolle essentielle Spurenelement und Antioxidans Selen. Der Körper benötigt es für die Produktion des Enzyms Glutathionperoxidase, das als Radikalfänger gilt.

H G A
I S P
K V F

GUT FÜR: Akne & Ekzeme, Husten & Erkältung, verstopfte Stirnhöhlen, hoher Cholesterinspiegel & hoher Blutdruck, Entzündungen aller Art

Anti-Erkältungs-Spieße mit Wasabi & Lachs

Wasabi, hier als schlagkräftige Waffe gegen Infektionen der Atemorgane eingesetzt, bildet mit Lachs eine ideale Kombination. Ich liebe diesen japanischen Meerrettich.

FÜR 1 PERSON

- 2 Stücke vom Lachsfilet ohne Haut, in groben Würfeln
- 2 Frühlingszwiebeln, in 3 cm Stücke geschnitten
- 2 EL Sojasauce
- 1 TL Wasabi (Paste oder Pulver)
- ½ TL flüssiger Honig

Die Lachswürfel abwechselnd mit den Zwiebelstücken auf 2 oder 3 Metallspieße aufspießen und auf ein Backblech legen.

Die Sojasauce, den Wasabi und den Honig zu einer Marinade vermischen und über die Spieße gießen. Die Spieße in der Marinade mehrfach wenden, sodass der Fisch gut bedeckt ist. Jeweils 10 Minuten lang ziehen lassen, dann erneut wenden.

Eine Grillpfanne oder eine Bratpfanne stark erhitzen. Die Spieße unter häufigem Wenden 15 Minuten lang braten. Nach Belieben sofort mit gekochtem Reis und Salat servieren.

TOPZUTAT: Wasabi ist ein todsicherer Tipp bei Atemwegsinfekten. Der Meerrettich enthält hochwirksame ätherische Öle, welche die Schleimhäute der Atemwege dahingehend reizen, einen wässrigen Schleim zu produzieren (Hatten Sie nie eine laufende Nase an der Sushitheke?) und damit Verstopfungen dieser Art zu lösen.

H G A
I S P
K V F

GUT FÜR: Ekzeme & gesunde Haut, Stabilisierung der Psyche, Depressionen & Stress, hoher Cholesterinspiegel, gesunde Darmflora

Thunfischsteak mit Kräuter-Bohnen-salat

Gebratenes Thunfischsteak, das im Idealfall außen knusprig und innen noch hellrosa sein sollte, ist eine Angelegenheit von Minuten. Hat man zudem eine Bohnenkonserve vorrätig im Schrank, steht im Nu ein ausgewogenes, gesundes Essen auf dem Tisch.

FÜR 1 PERSON

1 Dose gemischte Bohnen (400 g), abgetropft
kleines Bund frischer Koriander
1 TL Kapern
½ TL Weißweinessig
Meersalz und schwarzer Pfeffer
Olivenöl, zum Braten
1 Thunfischsteak
1 Limette, in Spalten geschnitten
1 rote Chilischote, ohne Kerne, klein gehackt

Die Bohnen unter kaltem Wasser abspülen. Gut abtropfen lassen. Den Großteil des Korianders, die Kapern und den Essig dazugeben. Mit Salz und Pfeffer würzen und sorgfältig mischen.

Ca. 1 TL Olivenöl auf beide Seiten des Thunfischsteaks träufeln und mit Salz und Pfeffer würzen. Eine Grillpfanne erhitzen, das Steak einlegen und auf beiden Seiten 3 Minuten braten. In der Pfanne nicht bewegen. Die Ränder sollten knusprig und das Innere noch rosa und glasig sein.

Den Bohnensalat in der Tellermitte anrichten und das Thunfischsteak darauflegen. Mit Chili und Koriander bestreuen und mit Limonenspalten servieren.

TOPZUTAT: Frischer Thunfisch ist dem Dosen-Thunfisch, was den Nährwert betrifft, bei Weitem überlegen. Er behält seine Omega-3-Fettsäuren, die ausgesprochen wertvoll für Herz, Haut und Gehirnfunktionen sowie für die Regulierung von Entzündungen sind. Außerdem ist Thunfisch reich am Antioxidans Selen.

H G A
I S P
K V F

GUT FÜR: Regeneration nach dem Sport, gesundes Immunsystem

Mozzarella-Hühnchen-Proteinpaket

Das Gericht gehört zu den eher sündhaften Genüssen, auch wenn es sättigend und ein echter Protein-Hit ist. Ich bereite es häufig nach einem ausgiebigen Workout im Fitnessstudio als leichtes Abendessen mit Salatbeilage zu, wenn eine Eiweiß-Auffrischung nötig ist.

FÜR 1 PERSON

1 große Hühnerbrust
Olivenöl zum Beträufeln
Meersalz und schwarzer Pfeffer
3 Handvoll Babyspinat
1 EL Oliventapenade (optional)
2 Scheiben fettarmer Mozzarella

CLEVERE KOMBINATION:
Spinat ist reich an dem antioxidativen Beta-Carotin, einem fettlöslichen Nährstoff, und Mozzarella hat einen natürlichen Fettgehalt. Dieses Fett fungiert als Träger für die hervorragenden entzündungshemmenden Nährstoffe und Antioxidantien des Beta-Carotin und erhöht dessen Aufnahme.

Den Backofen auf 190 °C (Gas Stufe 5) vorheizen. Die Hühnerbrust auf ein Backblech legen, mit etwas Olivenöl beträufeln, salzen und pfeffern und 20 Minuten im Ofen braten.

In der Zwischenzeit den Babyspinat in ein Metallsieb geben und mit heißem Wasser langsam überbrühen, bis die Blätter weich sind. Das Wasser aus dem Spinat drücken und abtropfen lassen.

Nach 20 Minuten das Backblech aus dem Ofen nehmen. Die Hühnerbrust sorgfältig mit Tapenade bestreichen, den Spinat und den Mozzarella darauflegen. Mit Salz und Pfeffer würzen. Für weitere 8 Minuten in den Ofen schieben, bis das Hühnerfleisch goldbraun ist und brutzelt. Aus dem Ofen nehmen und vor dem Verzehr einige Minuten ruhen lassen.

H G A
I S P
K V F

GUT FÜR: Blutzuckermanagement

Gute-Laune-Hühnchen-Kebab

Dies ist eine schnelle und gesunde Version des beliebten Fastfoods ohne Fett, nur mit frischen, guten Zutaten. Widerstehen Sie bitte der Versuchung an den Dönerbuden und bereiten Sie sich diese kleine Sünde zu Hause selbst zu.

FÜR 1 PERSON

1 große Hühnerbrust ohne Haut
Olivenöl, zum Braten
Meersalz und schwarzer Pfeffer
Saft von ½ Zitrone
1 Vollkorn-Pitabrot
2 TL Mayonnaise
1 Handvoll Blattsalatmix
3–4 Kirschtomaten, geviertelt

CLEVERE KOMBINATION: Dies ist ein hilfreiches Gericht zur Stabilisierung des Blutzuckerspiegels bei Stress, Gewichtsproblemen oder ernsteren Leiden wie Typ 2 Diabetes. Die Kombination von hochwertigen komplexen Kohlehydraten und Proteinen geben nur langsam und in kleinen Dosen Energie ins Blut ab und halten so den Blutzuckerspiegel konstant.

Den Backofen auf 200°C (Gas Stufe 6) vorheizen. Eine Grillpfanne erhitzen, die Hühnerbrust mit Olivenöl bestreichen, salzen und pfeffern. In der Pfanne 3–4 Minuten lang ohne zu bewegen braten, bis sich die Grillstreifen auf dem Fleisch abzeichnen. Wenden, auf ein Backblech geben, den Zitronensaft darüberträufeln und 15 Minuten lang rösten, bis sie gar ist. (Alternativ die Hühnerbrust 20 Minuten lang im Ofen backen). Beiseite stellen und einige Minuten ruhen lassen.

Das Pita-Brot leicht erwärmen und halbieren, sodass zwei Taschen entstehen. Das Hühnerfleisch in Streifen schneiden. In jede Pitatasche Mayonnaise, Salatblätter, Tomaten und Hühnerfleisch geben und sofort servieren.

Faule Wochenenden

Es gibt nichts Schöneres, als mit Freunden und Familie gutes Essen, guten Wein und schöne Stunden zu genießen. Und es gibt keinen Grund, weshalb diese Art der „Nahrung für die Seele" der Gesundheit nicht zuträglich sein sollte. Viele gastfreundliche Menschen glauben, sämtliche gesunden Ernährungsprinzipien über Bord werfen zu müssen, wenn es darum geht, ein Essen im Freundeskreis zu organisieren. Aus unerfindlichen Gründen wird fein säuberlich zwischen genussvollem und gesundem Essen unterschieden, so als schließe das eine das andere aus. Das ist ein Trugschluss. Weshalb sollte ein festliches Essen nicht auch gesundheitsfördernd sein? Es ist durchaus möglich, einfach die Ärmel hochzukrempeln und Köstlichkeiten zuzubereiten, die ohne Reue genossen werden können. Wie Sie das bewerkstelligen sollen? Nun, dazu gibt es nachfolgend reichlich Anregungen und Vorschläge. Die Mengenangaben in den Rezepten können, entsprechend der Gästezahl, problemlos verdoppelt oder verdreifacht werden.

Zusätzlich enthält der folgende Rezeptteil Gerichte, die etwas mehr Muße und Kreativität erfordern – also Rezepte für besondere Anlässe wie eine Dinner-Party – aber nicht nur! Bereiten Sie diese Speisen zu, wenn Sie etwas mehr Zeit übrig haben und die Lust verspüren, sich in der Küche kreativ auszutoben.

H G A
I S P
K V F

GUT FÜR: Immunsystem, hoher Cholesterinspiegel, gesunde Verdauung

One-Pot-Marokkanische-Gemüse-Tajine

Ich liebe eine gute Tajine. Es ist ein einfaches Essen, das langsam köcheln muss, also Zeit braucht, aber dann großartig schmeckt.

FÜR 4 PERSONEN

Olivenöl, zum Braten
2 große rote Zwiebeln, fein gehackt
4 Knoblauchzehen, klein gehackt
800 g passierte Tomaten
16 Datteln, entkernt und gehackt
2 TL Zimtpulver oder 2 Zimtstangen
1 TL gemahlener Kreuzkümmel
2 Dosen Kichererbsen (400 g), abgetropft
2 große rote Paprika, in grobe Stücke geschnitten
1 große Aubergine, in Stücke geschnitten
2 große Zucchini, in halbierten Scheiben
Meersalz und schwarzer Pfeffer
einige Stängel frischer Koriander zum Anrichten

Etwas Olivenöl in einer Pfanne erhitzen, die Zwiebeln und den Knoblauch darin 4–5 Minuten lang glasig dünsten. Die passierten Tomaten, die Datteln, den Zimt und den Kreuzkümmel dazugeben und 10–15 Minuten lang unter Rühren köcheln lassen.

Die Kichererbsen, die Paprika und die Auberginen einfüllen, simmern lassen und immer wieder umrühren. Dickt die Flüssigkeit zu sehr ein, etwas Wasser angießen. Die Zucchini dazugeben und weitere 10 Minuten köcheln lassen. Mit Salz und Pfeffer abschmecken. Mit Koriander bestreut mit Vollkorn- Couscous oder Quinoa servieren.

TOPZUTAT: Zimt wurde seit Jahrhunderten in der Pflanzenheilkunde dazu genutzt, Durchblutung und Kreislauf sanft zu stimulieren. Studien haben gezeigt, dass Zimtextrakte die Stabilisierung des Blutzuckerspiegels unterstützen können und die Zellen empfänglicher für Insulinsignale machen, auch wenn dies noch nicht am Menschen erprobt wurde. Dennoch bleibt Zimt ein interessantes Naturheilmittel.

GUT FÜR: Ekzeme, Bluthochdruck, Verstopfung

Gebackene Balsamico-Rote-Bete mit Süßkartoffeln

Für mich ist dieses Gericht der perfekte Seelentröster und ein wärmender Leckerbissen. Süßkartoffeln und Rote Bete sind eine ideale Kombination.

FÜR 4 PERSONEN

8 große Rote-Bete-Knollen, geputzt und in Scheiben geschnitten
4 EL Olivenöl
2 EL Balsamico-Essig
6 große Süßkartoffeln, geschält und grob gewürfelt
1 ½ EL körniger Senf
Meersalz und schwarzer Pfeffer
½ TL Maismehl
Babysalatblätter zum Garnieren

TOPZUTAT: Rote Bete erfreut sich seit einigen Jahren zunehmender Beliebtheit. Dank ihres Nitratgehalts ist sie gut fürs Herz. Nitrat unterstützt die körpereigene Produktion von Stichoxid, das wiederum die Gefäße weitet und deren Innendruck senkt.

Den Backofen auf 200 °C (Gas Stufe 6) vorheizen. Die Rote-Bete-Scheiben auf ein Backblech legen, mit Olivenöl und 1 EL Balsamico-Essig beträufeln und 20–30 Minuten lang rösten, bis sie weich sind und an den Rändern zu karamellisieren beginnen.

In der Zwischenzeit die Süßkartoffelwürfel in einen Topf geben, mit kochendem Wasser überbrühen und 10–15 Minuten lang garen. Abgießen und wieder in den Topf geben. Den Senf unterrühren, mit Salz und Pfeffer würzen und möglichst fein pürieren.

Die Rote Bete in eine Backform legen, mit 2–3 EL Wasser den Bratfond der Roten Bete ablöschen, gut umrühren, um die karamellisierten Stückchen der Roten Bete vom Formboden zu lösen. Das Maismehl einrühren und kräftig rühren, bis die Flüssigkeit andickt. Diese über die Rote Bete in der Backform gießen.

Das Süßkartoffelpüree darüberstreichen und 15 Minuten lang im Backofen backen, bis die Kartoffeldecke goldgelb und knusprig geworden ist. Mit Babyblattsalat garnieren.

H G A
I S P
K V F

GUT FÜR: Akne & gesunde Haut, Funktion der weißen Blutkörperchen, Diabetes Typ 2, gesunde Darmflora

Immunstärkende Falafel mit Quinoa & Tahini

Dies ist eine gesündere Variante der frittierten Falafel. Das Problem beim Frittieren ist, dass bei den häufig verwendeten gehärteten Fetten, die über längere Zeit hocherhitzt werden, sogenannte schädliche Transfette entstehen, die hohe gesundheitliche Risiken mit sich bringen.

FÜR 4 PERSONEN

200 g Quinoa
4 TL Gemüsebrühepulver
1 TL Zimt
2 EL Rosinen
2 EL Mandelblättchen
25 g frische Petersilie, gehackt
2 Dosen Kichererbsen (400 g)
4 Knoblauchzehen, zerdrückt
2 TL Kreuzkümmel, gemahlen
1 TL Koriander, gemahlen
1 rote Zwiebel, klein gehackt
2 Eier, schaumig geschlagen
2 EL Vollkornmehl
Meersalz und schwarzer Pfeffer
1 ½ EL Tahini
1 EL Olivenöl, + etwas zum Braten
Saft von ½ Zitrone

CLEVERE KOMBINATION: Die satte Portion von antiviralem Knoblauch und dem Zink der Kichererbsen putscht unsere Immunabwehr.

Die Quinoa in eine Schüssel füllen, mit kochendem Wasser überbrühen, das Gemüsebrühepulver dazugeben und in 20 Minuten weich garen. Abgießen und den Zimt, die Rosinen, die Mandeln und die Hälfte der Petersilie untermengen.

Die Kichererbsen, die Hälfte des Knoblauchs, die restliche Petersilie, den Kreuzkümmel und den Koriander in einem Mixer zu einer glatten Paste verarbeiten. In eine Schüssel geben. Mit den Zwiebeln, den Eiern, dem Mehl, Salz und Pfeffer zu einem zähen Teig verarbeiten.

Den Backofen auf 200 °C (Gas Stufe 6) vorheizen und ein Backblech mit Backpapier belegen. Kleine Kugeln formen und in 2–3 Minuten in etwas Olivenöl rundherum knusprig braten. Auf das Backblech geben und 10–12 Minuten lang backen.

In der Zwischenzeit das Dressing anrühren: Die Tahini, das Olivenöl, den restlichen Knoblauch und den Zitronensaft vermengen. Salzen und pfeffern. Die Falafel mit Quinoa und Tahini-Dressing servieren.

H G A
I S P
K V F

GUT FÜR: Gesunde Blutgefäße & Bluthochdruck, gesunde Verdauung

Antioxidative Penne mit Pfeffer & Paprikasauce als Radikalfänger! Ein köstliches Gericht voller Aromen, einfach und reich an wirksamen, interaktiven Inhaltsstoffen.

FÜR 4 PERSONEN

- 4 große rote Paprika, gewürfelt
- 2 kleine rote Zwiebeln, grob gehackt
- 2 Knoblauchzehen, klein gehackt
- 200 g Kirschtomaten, halbiert
- Olivenöl, zum Beträufeln
- Meersalz und schwarzer Pfeffer
- 1 EL süßes, geräuchertes Paprikapulver
- 300 g Vollkorn Penne
- 100 g Feta, zerbröckelt (optional)

Den Backofen auf 200 °C (Gas Stufe 6) vorheizen. Die Paprika, die Zwiebeln, den Knoblauch und die Tomaten in eine Bratform geben, mit Olivenöl beträufeln, salzen und pfeffern, das Paprikapulver hinzufügen und gründlich mischen. 20–25 Minuten lang unter mehrfachem Umrühren backen, bis das Gemüse leicht karamellisiert ist.

In einem großen Topf Salzwasser zum Kochen bringen. Die Pasta hinein geben und in 7–8 Minuten al dente kochen.

Das geröstete Gemüse in einen Standmixer oder die Küchenmaschine geben und zu einer glatten, sämigen Sauce verarbeiten. Die Pasta abgießen, in die Sauce geben und sofort mit Feta garniert servieren.

TOPZUTAT: Rote Paprika sind reich an Nährstoffen und aktiven sogenannten Verbindungsklassen. Die wirksamsten darunter sind die für die dunkelrote Farbe verantwortlichen Flavonoide. Sie wirken entzündungshemmend und als Radikalfänger. Je intensiver Paprika gefärbt sind, desto stärker ist ihre Wirkung als Antioxidantien.

H G A
I S P
K V F

GUT FÜR: Gesunde Haut, hoher Cholesterinspiegel, Verstopfung & gesunde Darmflora

Ofengebackene Auberginen & grüne Linsen

Dies ist ein sättigendes und rundum gesundes Gericht. Großartig für Tage, an denen der Hunger zuschlägt, oder für nasskaltes Schmuddelwetter, wenn uns der Sinn nach etwas Wärmendem steht.

FÜR 4 PERSONEN

Olivenöl, zum Braten
2 große rote Zwiebeln, klein gehackt
4 Knoblauchzehen, klein gehackt
800 g grüne Linsen, gegart und abgetropft
750 g passierte Tomaten
1 ½ TL getrocknete Kräuter
Meersalz und schwarzer Pfeffer
2 Auberginen, in Scheiben
Mozzarella light, in Stücke gezupft zum Anrichten

TOPZUTAT:
Linsen sorgen lang- und kurzfristig für eine gute Verdauung. Sie sind reich an Ballaststoffen und halten damit den Darm in Bewegung. Auf lange Sicht können sie die Besiedlung unseres Verdauungssystems mit natürlichen Bakterien stimulieren, denn sie enthalten gewisse Zuckerarten (Kohlehydrate), die diesen Bakterien als Nahrung dienen.

Etwas Olivenöl in einem Topf erhitzen, die Zwiebeln und den Knoblauch hinzufügen und in 4–5 Minuten weich dünsten. Linsen, passierte Tomaten und gemischte Kräuter einrühren und 15 Minuten lang reduzieren, bis eine dickliche, sämige Tomatensauce entsteht. Salzen und pfeffern.

Mehr Olivenöl in einer Pfanne erhitzen, die Auberginenscheiben einlegen und unter häufigem Wenden 3–4 Minuten lang braten, bis sie leicht glasig sind. Mit Salz und Pfeffer würzen.

Den Backofen auf 200 °C (Gas Stufe 6) vorheizen. In eine Kuchenform zuerst einige Auberginenscheiben legen. Darüber eine Schicht der Tomaten-Linsensauce geben und abwechselnd weiterschichten, bis die Zutaten aufgebraucht sind. Die Mozzarellastückchen darüberstreuen und 10 Minuten lang backen, bis der Käse schmilzt und Blasen schlägt. Heiß servieren.

H G A
I S P
K V F

GUT FÜR: Gesunde Haut, Stärkung der Immunabwehr, Völlegefühl

Kichererbsen, Spinat & Cashewkerne mit Kumin & Kokosnuss

Eine sehr einfache Speise, deren ungewöhnliche Aromen sie jedoch zum perfekten Essen für Gäste und besonders für Vegetarier macht.

FÜR 4 PERSONEN

Olivenöl, zum Braten
2 große Zwiebeln, klein gehackt
4 Knoblauchzehen, fein gehackt
600 g Babyspinat
2 Dosen Kichererbsen (je 400 g), abgetropft
300 g Cashewkerne natur, ungesalzen
100 g Gojibeeren
1 TL Kreuzkümmel, gemahlen
Meersalz und schwarzer Pfeffer
2 EL Kokosraspel

Etwas Olivenöl in einer Pfanne erhitzen, die Zwiebeln und den Knoblauch hinzufügen und in 4–5 Minuten glasig braten. Den Babyspinat dazugeben und mitbraten, bis er weich ist.

Die Kichererbsen, die Cashewkerne, die Gojibeeren und den Kreuzkümmel einrühren und 3 Minuten lang weiterdünsten. Mit Salz und Pfeffer würzen. In einer zweiten Pfanne die Kokosraspel in 1–2 Minuten goldgelb rösten, diese über die Kichererbsenmischung streuen und heiß servieren. Als Beilage empfehlen sich Salat oder sautiertes, grünes Gemüse.

TOPZUTAT: Kreuzkümmel wird seit Jahrhunderten in der Pflanzenheilkunde gegen Völlegefühl und Verdauungsbeschwerden eingesetzt. Darüber hinaus enthält Kreuzkümmel mehrere entzündungshemmende und schmerzstillende Inhaltsstoffe, die sich lindernd auf residuale Entzündungsherde im Verdauungstrakt auswirken können.

H G A
I S P
K V F

GUT FÜR: Hoher Cholesterinspiegel & Bluthochdruck, gesunde Darmflora & gesunde Verdauung

Bohnen-Burger mit Apfel-Rotkohl-Salat

Bohnen-Burger gelten häufig nur als vegetarische Grillalternative. Dabei kann dieser Burger eine richtige Delikatesse sein.

FÜR 4 PERSONEN

2 Dosen Bohnenmix (je 400 g), abgetropft
150 g Vollkorn-Semmelbrösel
3 TL Madras-Currypaste
2 Eier, leicht aufgeschlagen
1 großes Bund frischer Koriander, grob gehackt
Meersalz und schwarzer Pfeffer
2 große Äpfel, entkernt und geraspelt
1 kleiner Kopf Rotkohl, geraspelt
300 g Joghurt
2 TL Senfkörner
4 Vollkorn-Burgerbrötchen, getoastet

Die Bohnen in eine Schüssel geben, grob mit der Gabel oder dem Kartoffelstampfer zerdrücken. Die Semmelbrösel, die Currypaste, die Eier und den Koriander untermischen. Salzen und pfeffern.

Den Grill auf hohe Stufe stellen und ein Backblech mit Alufolie auslegen. Die Bohnenmischung zu 4 Burgern formen, auf das Blech legen und unter den Grill schieben. 10–15 Minuten lang unter häufigem Wenden grillen, bis sie knusprig und goldbraun sind.

In der Zwischenzeit einen Rohkostsalat aus Äpfeln, Rotkohl, Joghurt und Senfkörnern zubereiten. Salzen und pfeffern. Die Burger mit dem Salat und je nach Belieben mit getoasteten Vollkornbrötchen servieren.

TOPZUTAT: Rotkohl ist reich an Anthocyanen. Sie sind für seine Rotfärbung verantwortlich, wirken entspannend und stärkend auf Blutgefäße und sind damit blutdrucksenkend. Darüber hinaus enthält Rotkohl viele Senfölglycoside, und obwohl ich mit Aussagen über positive oder negative Auswirkungen bestimmter Lebensmittel auf Krebs vorsichtig bin, gibt es Beweise, dass diese Glycoside einen gewissen Schutz gegen einige Krebsarten bieten können.

H G A
I S P
K V F

GUT FÜR: Akne & Ekzeme, Verstopfung & gesunde Darmflora, Energieschub

Weiße Bohnen & Winterkürbis-Eintopf

Ein sensationelles, herzhaftes, kalorienarmes Winteressen mit einem niedrigen Glykämischen Index. Als Beilage schmeckt mir ein Salat.

FÜR 4 PERSONEN

Olivenöl, zum Braten
2 große rote Zwiebeln, klein gehackt
2 Knoblauchzehen, fein gehackt
2 EL Misopaste
2 Dosen Limabohnen (je 400 g), abgetropft
2 Dosen Cannellini-Bohnen (je 400 g), abgetropft
1 großer Winterkürbis (z.B. Butternut), ohne Kerne, mit Schale, grob gewürfelt
1 l Gemüsebrühe
Meersalz und schwarzer Pfeffer

Etwas Olivenöl in einem Topf erhitzen. Die Zwiebeln und den Knoblauch darin 4–5 Minuten lang glasig braten. Die Misopaste, die Bohnen und das Kürbisfleisch dazugeben. Etwas Gemüsebrühe angießen und köcheln lassen. Sobald die Brühe aufgenommen ist, nachfüllen.

Nach 30 Minuten müsste der Kürbis weich sein. Im Topf sollte so viel Flüssigkeit verbleiben, dass ein sämiger Eintopf entsteht. Bei zu viel Brühe wird der Eintopf wässrig. Mit Salz und Pfeffer abschmecken und heiß servieren.

TOPZUTAT: Kürbis, und besonders die gelb- oder orangefleischigen Sorten, sind wahre Energiepakete. Sie sind reich an Carotenoiden wie dem Beta-Carotin, das besonders auf die Haut antioxidativ und entzündungshemmend wirkt. Außerdem sind Kürbisse reich an Vitamin B und Ballaststoffen.

H G A
I S P
K V F

GUT FÜR: Hoher Cholesterinspiegel, Verstopfung & gesunde Darmflora

Muntermacher Gersten-Risotto

Ich liebe Risotto und ersetze den üblichen Arborio-Reis gern durch Perlgraupen. Dadurch erhält das Gericht nicht nur eine neue Textur, es hebt auch seinen Nährwert.

FÜR 4 PERSONEN

Olivenöl, zum Braten
2 Zwiebeln, klein gehackt
4 Knoblauchzehen, klein gehackt
500 g Maronenpilze, in Scheiben
500 g Perlgraupen
750 ml–1,5 l Gemüsebrühe
Meersalz und schwarzer Pfeffer
6 große Mangoldblätter, grob gehackt
8 Frühlingszwiebeln, in Ringen
2 EL frisch geriebener Parmesan

Etwas Olivenöl in einem großen Topf erhitzen. Die Zwiebeln und den Knoblauch hineingeben und glasig werden lassen. Die Pilze hinzufügen und circa 5 Minuten lang mitbraten.

Die Perlgraupen einrühren und 200 ml Gemüsebrühe angießen. Unter ständigem Rühren köcheln lassen, bis die Flüssigkeit fast verdampft ist. Anschließend, wie bei einem normalen Risotto, regelmäßig mit Gemüsebrühe aufgießen.

Weiter arbeiten, bis die Gerste weich zu werden beginnt und das Gericht eine cremige Konsistenz annimmt. Salzen und pfeffern, den Mangold dazugeben und köcheln lassen, bis dieser gar ist. Zum Schluss Frühlingszwiebeln, Parmesan und etwas Brühe einrühren und sofort servieren.

TOPZUTAT: Perlgraupen sind ein weiteres wichtiges Mitglied auf der Liste der Cholesterin senkenden Zutaten. Sie enthalten Propionsäure, die bei Tierversuchen das Enzym HMG-CoA-Reduktase reduziert hat, das an der Cholesterinsynthese beteiligt ist. Der hohe Ballaststoffgehalt der Graupen trägt ebenfalls zum Cholesterinabbau im Darm bei.

H G A
I S P
K V F

GUT FÜR: Diabetes Typ 2, Angstzustände & Stress, gesunde Verdauung, Regeneration nach dem Sport & Muskelwachstum

Anti-Stress Pesto-Kabeljau mit grünem Bohnenpüree

Ein köstliches Gericht mit frischen, unverfälschten Aromen und hohem Nährwert, reich an leichtverdaulichen Proteinen, Ballast- sowie Mineralstoffen.

FÜR 4 PERSONEN

4 Portionen Kabeljaufilet ohne Haut
2 Dosen Saubohnen (je 400 g), abgetropft
Olivenöl, zum Braten
1 Zwiebel, fein gehackt
6 EL Semmelbrösel (vom Bäcker oder selbst gemacht)
2 EL grünes Pesto
1 großes Bund frische Petersilie, grob gehackt
2 EL grüne Oliven, gehackt
Meersalz und schwarzer Pfeffer

TOPZUTAT:
Petersilie ist reich an ätherischen Ölen, welche die Nierentätigkeit anregen. In der Naturheilkunde gilt Petersilie von jeher als stark entwässernd.

Den Backofen auf 200 °C (Gas Stufe 6) vorheizen. Ein Backblech mit Alufolie auslegen. Die Kabeljaufilets darauf verteilen und 8–10 Minuten lang backen, bis sie nicht ganz durch sind.

In der Zwischenzeit die Saubohnen in einen kleinen Topf geben und mit kochendem Wasser übergießen. 5 Minuten lang leicht köcheln lassen, bis sie warm und etwas weich sind. Abgießen. Das Olivenöl in einem anderen Topf erhitzen, die Zwiebeln hineingeben und in 4–5 Minuten leicht glasig braten.

Die Semmelbrösel und das Pesto mischen. Den Kabeljau aus dem Ofen nehmen und mit der Pestomischung bestreichen. Weitere 5–6 Minuten lang im Ofen backen.

Die abgetropften Bohnen mit Zwiebeln und Petersilie im Topf zu einem groben Püree verarbeiten. Die gehackten Oliven, Salz und Pfeffer unterrühren. Einen Löffel des Pürees in die Mitte eines Tellers geben und das Kabeljaufilet darauflegen. Sofort servieren.

H G A
I S P
K V F

GUT FÜR: Gesunde Haut, gesundes Herz, Regeneration nach Gymnastik & Fitnesstraining

Herzerfrischender sizilianischer Kabeljau mit Spinat

Dieses köstliche und leichte Gericht duftet förmlich nach Sonne, Meer und Süden. Frisch, dynamisch und ideal für den Sommer. Gute Küche vom Feinsten!

FÜR 4 PERSONEN

Olivenöl
3 rote Zwiebeln, klein gehackt
4 Knoblauchzehen, klein gehackt
2 Dosen gehackte Tomaten (je 400 g)
6 EL schwarze Oliven, gehackt
6 Stängel frischer Oregano
Meersalz und schwarzer Pfeffer
4 mittelgroße Portionen Kabeljaufilet
Saft von 1 Zitrone, + Zitronenspalten zum Servieren
200 g Babyspinat

CLEVERE KOMBINATION: Die Kombination aus Zwiebeln, Knoblauch und Tomaten stärkt unser Herz in dreifacher Hinsicht. Zwiebeln sind reich an Flavonoiden, welche die Innenwände der Blutgefäße vor Schäden schützen. Knoblauch enthält den Blutverdünner Ajoen, und Tomaten entzündungshemmende Carotinoide.

Etwas Olivenöl in einer Pfanne erhitzen, die Zwiebeln und den Knoblauch dazugeben und in 4–5 Minuten glasig dünsten. Die Tomaten, die Oliven und den Oregano einrühren, salzen und pfeffern und 10 Minuten lang köcheln lassen, bis eine sämige Tomatensauce entsteht.

Den Backofen auf 200 °C (Gas Stufe 6) vorheizen und ein Backblech mit Alufolie auslegen. Die Kabeljaufilets darauflegen, mit der Hälfte des Zitronensafts beträufeln, salzen und pfeffern. 15–20 Minuten lang backen, bis der Fisch fast durch ist.

Inzwischen den Spinat in einem Dampfgarer dämpfen.

Den Spinat in die Mitte einer Servierplatte legen, die Fischfilets und die Sauce darauf verteilen. Mit Olivenöl beträufeln und mit Zitronenspalten servieren.

H G A
I S P
K V F

GUT FÜR: Diabetes Typ 2, Bluthochdruck & hoher Cholesterinspiegel

Kokos-Kabeljau-Curry mit gebratenem braunem Reis

Das ideale Rezept für einen nasskalten Samstagabend, um sich Zeit in der Küche zu nehmen.

FÜR 4 PERSONEN

Olivenöl, zum Braten
1 Zwiebel, gerieben
2 TL frischer Ingwer, geraspelt
2 rote Chilischoten, mit Samen, klein gehackt
4 Knoblauchzehen, fein gehackt
2 große Tomaten, sehr fein gehackt, Saft zurückhalten
2 TL Garam Masala
½ TL Kreuzkümmelsamen
1 TL Zimt
400 ml Kokosmilch
200 ml Gemüsebrühe
4 große Portionen Kabeljaufilet
Meersalz und schwarzer Pfeffer
240 g brauner Basmati-Reis
1 rote Zwiebel, klein gehackt
½ TL Kurkuma
100 g grüne Erbsen

Etwas Olivenöl in einem Topf erhitzen. Die Zwiebel, den Ingwer, den Chili und den Knoblauch 4–5 Minuten lang darin rösten, bis eine dunkle Paste entsteht. Die Tomaten mit Saft dazugeben und 5 Minuten lang köcheln lassen. Das Garam Masala, den Kreuzkümmel und den Zimt einrühren und weitere 2 Minuten kochen. Die Kokosmilch und die Gemüsebrühe angießen, aufkochen und den Fisch einlegen. 4–5 Minuten lang köcheln lassen, bis der Fisch gar ist. Mit Salz und Pfeffer würzen.

In der Zwischenzeit den Reis mit kochendem Wasser überbrühen und 20 Minuten lang simmern lassen, bis er fast weich ist. Abgießen. Etwas Olivenöl in einer Pfanne erhitzen und darin die rote Zwiebel 4–5 Minuten weich rösten. Die Kurkuma und die Erbsen einrühren und weitere 3 Minuten braten. Den gekochten Reis dazugeben, salzen, pfeffern und gut umrühren. Den Reis in die Mitte eines jeden Tellers füllen, den Fisch mit der Sauce darübergeben und sofort servieren.

TOPZUTAT: Brauner Basmati ist die Spitzenreissorte. Dank seines niedrigen glykämischen Index steigert er den Blutzucker nur langsam, hält den Energielevel stabil und Entzündungen in Schach.

GUT FÜR: Gesunde Haut, Erkältungen & Grippe, Diabetes Typ 2

Kräftigendes Nasi Goreng

Alles in einem Topf, ist das Motto dieses indonesischen Reisgerichts und eine Resteverwertung „par excellence" zum Beispiel von Hühnchen, Meerestieren oder Gemüse.

FÜR 4 PERSONEN

250 g brauner Reis
4 Eier
Olivenöl, zum Braten
3 Schalotten, klein gehackt
3 Knoblauchzehen, klein gehackt
3 Frühlingszwiebeln, grob gehackt
1 rote Chilischote mit Kernen, in Ringe geschnitten
300 g Garnelen, roh und geschält
3 EL Sojasauce
2 EL Chili-Bohnensauce
1 Handvoll gesalzene Erdnüsse

Den Reis mit kochendem Wasser aufgießen und 20 Minuten simmern lassen, bis er fast gar ist. Abgießen und warm halten.

Die Eier in einer Schüssel leicht aufschlagen, dann in einer kleinen Pfanne bei mittlerer Hitze wie Rühreier zubereiten. Beiseitestellen.

Etwas Olivenöl in einer anderen Pfanne erhitzen. Die Schalotten, den Knoblauch, die Frühlingszwiebeln und den Chili in 4–5 Minuten darin glasig werden lassen. Die Garnelen dazugeben und 5–7 Minuten lang durchbraten. Den Reis sorgfältig untermischen.

Die Sojasauce und die Chili-Bohnensauce einrühren. Das Rührei vorsichtig unterheben. Mit Erdnüssen bestreuen und sofort servieren.

CLEVERE KOMBINATION: Das Protein und die komplexen Kohlenhydrate im Ei und im braunen Reis unterstützen jeweils die Insulinresistenz bei Diabetes Typ 2 und Gewichtsproblemen.

H G A
I S P
K V F

GUT FÜR: Akne & Ekzeme, gesunde Gelenke & Arthritis, Psyche & Geist, hoher Cholesterinspiegel

Wohlfühl-Fisch-Pie

Ich liebe eine gute Fisch-Pie. Leider liegt die traditionelle Version etwas schwer im Magen. Das folgende, leichtere Rezept steht dennoch für einen Energieschub.

FÜR 4 PERSONEN

5 große Süßkartoffeln, geschält und grob gewürfelt
Olivenöl, zum Braten
1 Zwiebel, klein gehackt
2 Knoblauchzehen, gehackt
400 g magerer Frischkäse
200 ml Gemüsebrühe
1 EL körniger Senf
600 g gemischter Fisch, z.B. frischer Lachs, Kabeljau, Garnelen, Tintenfisch
10 g frischer Dill, grob gehackt
Meersalz und schwarzer Pfeffer

TOPZUTAT: Süßkartoffeln sind reich an den für die orange Farbe verantwortlichen Beta-Carotinen. Diese fettlöslichen Antioxidantien sind gut für die Haut, schützen das Kollagen vor Schäden und lindern Entzündungen und Rötungen.

Süßkartoffeln in eine Kasserolle geben und mit kochendem Salzwasser aufgießen. In 20 Minuten weich köcheln lassen.

Inzwischen den Backofen auf 200 °C (Gas Stufe 6) vorheizen. Etwas Olivenöl in einer Pfanne erhitzen. Die Zwiebeln und den Knoblauch 4–5 Minuten lang darin glasig dünsten. Den Frischkäse, die Gemüsebrühe und den Senf hinzufügen und bei mittlerer Hitze unter Rühren sanft simmern lassen, bis der Käse geschmolzen ist. Die Fischmischung einlegen und 10 Minuten garziehen lassen. Den Dill einrühren. Mit Salz und Pfeffer abschmecken. Gut umrühren.

Die Fischmischung in eine Backform geben. Die Süßkartoffeln abgießen, zu Püree verarbeiten, salzen und pfeffern. Über den Fisch in die Backform füllen und 15 Minuten lang im Ofen überbacken, bis die Saucenflüssigkeit leicht blubbert und die Kartoffeldecke knusprig zu werden beginnt. Sofort mit einem grünen Salat, gedünstetem Kohl, Brokkoli oder Spargel servieren.

H G A
I S P
K V F

GUT FÜR: Ekzeme & Akne, Arthritis, hoher Cholesterinspiegel & gesundes Herz, Blähungen & Völlegefühl

Grüner Curry-Lachsburger mit Bohnen und Quinoa

Dies ist ein raffiniertes Partygericht, das gut aussieht und auch noch gesund ist. Edamame-Bohnen sind tiefgefroren im Asiamarkt erhältlich.

FÜR 4 PERSONEN

4 Portionen Lachsfilet ohne Haut, gewürfelt
2 Knoblauchzehen, gehackt
1–2 EL Grüne Thai-Curry-Paste
Saft von 2 Limetten + einige Spalten zum Anrichten
Meersalz und schwarzer Pfeffer
200 g Quinoa
150 g tiefgekühlte Edamame-Bohnen, aufgetaut
1 großes Bund frischer Koriander, grob gehackt + etwas zum Garnieren
Olivenöl, zum Braten

TOPZUTAT:
Die ätherischen Öle des Korianders wirken beruhigend bei Blähungen und Völlegefühl. Tierversuche lassen vermuten, dass weitere Inhaltsstoffe des Korianders die Freisetzung von Insulin unterstützen.

Den Lachs, den Knoblauch, die Curry-Paste und die Hälfte des Limettensafts in einen Mixer füllen, pfeffern und salzen und zu einer glatten, hackfleischartigen Masse verarbeiten. Die Mischung vierteln und 4 Burger daraus formen. Im Kühlschrank kühlen, damit sie fest werden.

Inzwischen die Quinoa in eine Kasserolle geben, mit kochendem Wasser übergießen und in 10–15 Minuten fast weich kochen. Das Wasser abgießen und die Edamame-Bohnen, den restlichen Limettensaft und den gehackten Koriander einrühren und mit Salz und Pfeffer abschmecken. Beiseitestellen.

Olivenöl in einer Bratpfanne erhitzen, die Lachsburger einlegen und 5 Minuten auf jeder Seite knusprig braten.

Etwas Quinoa in die Mitte der Teller geben. Je einen Burger drauflegen und mit einem Korianderstängel und einer Limettenspalte garnieren. Mit grünem Salat, gedünstetem Brokkoli oder Krautsalat servieren.

H G A
I S P
K V F

GUT FÜR: Akne & Ekzeme, Arthritis, hoher Cholesterinspiegel & Bluthochdruck

Zitrus-Lachs mit Knoblauch-Pak-Choi

Zitrusfrüchte, Knoblauch und Sojasauce sind eine Kombination, die ich schon bei Takeaway-Gerichten geliebt habe. Dieser Lachs jedoch ist unvergleichlich aromatisch und gesund.

FÜR 4 PERSONEN

Olivenöl, zum Braten
1 Zwiebel, klein gehackt
4 Knoblauchzehen, gehackt
Saft von 3 Orangen
Saft von 1 Limette
2 TL geriebene Limettenschale
Meersalz und schwarzer Pfeffer
4 Portionen Lachsfilet
500 g Pak Choi, Blätter abgetrennt
4 TL Sojasauce
2 TL flüssiger Honig

TOPZUTAT: Zitrusfrüchte sind zwar für ihren Vitamin-C-Gehalt hinreichend bekannt, enthalten davon jedoch weniger als vermutet und das in unterschiedlicher Konzentration. Interessanter für mich sind die reichlich enthaltenen Flavonoide. Letztere haben einen außerordentlich positiven Einfluss auf das Herz-Kreislauf-System, indem sie die Blutgefäße von innen stärken und diese vor Schäden schützen.

Den Backofen auf 200 °C (Gas Stufe 6) vorheizen und ein Backblech mit Alufolie belegen. Etwas Olivenöl in einer Pfanne erhitzen, die Zwiebeln und eine gehackte Knoblauchzehe darin in 4–5 Minuten weich dünsten. Den Orangen- und Limettensaft und -abrieb einrühren und auf die Hälfte reduzieren, bis die Sauce andickt. Salzen und pfeffern.

Die Lachsfilets auf das Backblech legen und 15–20 Minuten lang im Ofen backen, bis sie gar sind.

Etwas Olivenöl in einem Topf erhitzen und den Pak Choi darin ca. 2 Minuten lang anbraten. Den restlichen Knoblauch, die Sojasauce und den Honig dazugeben und weitere 2 Minuten lang schwenken. Den gebratenen Kohl in die Mitte eines Tellers geben, ein Lachsfilet darüberlegen und mit der Orangen-Limettensauce begießen. Sofort, zum Beispiel mit neuen Kartoffeln, servieren.

H G A
I S P
K V F

GUT FÜR: Erkältungen & Grippe, hoher Cholesterinspiegel, Verstopfung & gesunde Darmflora

Anti-Cholesterin-Hühnchen-Curry

Mit diesem idealen One Pot Wonder bereiten Sie Familie und Freunden ein Fest. Das Hühnerfleisch ist jederzeit austauschbar gegen Fisch, Meeresfrüchte oder Tofu.

FÜR 4 PERSONEN

Olivenöl, zum Braten
2 große rote Zwiebeln, klein gehackt
6 Knoblauchzehen, fein gehackt
400 g rote Linsen
800 ml Gemüsebrühe
2–3 EL Madras-Curry-Paste (oder eine mildere Form)
6 Hühnerbrüste, ohne Haut, in mundgerechten Stücken
300 g Babyspinat
Meersalz und schwarzer Pfeffer
Joghurt zum Servieren (optional)

Etwas Olivenöl in einem Topf erhitzen. Die Zwiebeln und den Knoblauch darin in 4–5 Minuten glasig dünsten. Die Linsen und etwas Gemüsebrühe angießen und leicht simmern lassen. Während des Kochvorgangs wie bei einem Risotto regelmäßig kleine Mengen Brühe dazugeben, während die Linsen weich werden.

Beginnen die Linsen zu garen, die Curry-Paste und das Hühnerfleisch hinzufügen und gut umrühren. Weiter köcheln lassen und Brühe angießen, bis das Hühnerfleisch fertig ist.

Den Babyspinat in letzter Minute dazugeben, mit Salz und Pfeffer würzen und rühren, bis der Spinat weich ist. Nach Belieben sofort mit einem Klecks Joghurt garnieren und servieren.

TOPZUTAT: Haben Sie bemerkt, dass Linsen beim Kochvorgang leicht zerfallen? Grund ist ihr hoher Ballaststoffgehalt, der wiederum cholesterinsenkend wirkt, indem das Cholesterin im Darm gebunden und abtransportiert wird.

H G A
I S P
K V F

GUT FÜR: Gesunde Haut, gesundes Knochenskelett, Erkältungen & Grippe

Hühnchen- & Feta-Kalzium-Booster

Dieses leichte, proteinhaltige Gericht ist bei jeder Einladung zum Abendessen ein Erfolg und perfekt für ein gemütliches Wochenende. Die Kombination von Spinat, Dill und Feta weckt Erinnerungen an Urlaube in Griechenland.

FÜR 4 PERSONEN
500 g Babyspinat
4 große Hühnerbrüste mit Haut, ohne Knochen
2 EL Ricotta
15 g frischer Dill, grob gehackt
Meersalz und schwarzer Pfeffer
100 g Feta

CLEVERE KOMBINATION:
Diese Zutaten ergeben eine nahezu perfekte Mahlzeit für einen gesunden Knochenbau. Feta ist, wie alle Käsesorten, reich an Kalzium. Aber er allein macht noch keine gesunden Knochen. Magnesium, Kieselerde, Bor und Vitamin D sind nötig, um Kalzium in unsere Knochen zu transportieren. Und hier sind Kalzium, Magnesium und Vitamin D in einem Gericht vereint.

Den Backofen auf 200 °C (Gas Stufe 6) vorheizen. Den Spinat in einem Dampfgarer einige Minuten dämpfen. Abseihen, kräftig ausdrücken und klein hacken.

Inzwischen einen Finger unter die Haut des Hühnerfleischs schieben, diese vorsichtig vom Fleisch lösen, damit eine Art Tasche entsteht. Darauf achten, dass die Haut auf einer Seite mit dem Fleisch verbunden bleibt.

Den Spinat in einer Schüssel mit dem Ricotta und dem Dill vermischen, salzen und pfeffern. Gut verrühren. Den Feta darüberkrümeln und unterheben.

Die Tasche zwischen Haut und Hühnerfleisch mit der Spinatmischung füllen, auf ein Backblech legen und 20 Minuten lang im Ofen braten, bis das Fleisch gar ist. Mit Tomaten-Gurkensalat und, je nach Belieben, mit gekochten neuen Kartoffeln servieren.

Diese leicht abgewandelte Version des sommerlichen Party-Klassikers „Sangria“ enthält einige hochwirksame, gesunde Zutaten. Ein bisschen Spaß muss schließlich sein und mit etwas Einfallsreichtum schlagen wir hiermit zwei Fliegen mit einer Klappe und sind „fit for fun“.

GUT FÜR:
Gesundes Herz-Kreislauf-System

Sangria de Luxe

FÜR 3–4 PERSONEN
300 ml Rotwein
200 ml Blutorangensaft
100 ml Granatapfelsaft
1 große Orange, in Scheiben
Eiswürfel
frische Minze (optional)

Den Rotwein und die Säfte in einer großen Karaffe mischen, die Orangenscheiben dazugeben und im Kühlschrank erkalten lassen. Kurz vor dem Servieren Eiswürfel und Minze hineingeben.

TOPZUTAT: Rotwein gilt schon länger als Herz und Kreislauf unterstützendes Mittel. Der hierfür entscheidende Inhaltsstoff ist der sekundäre Pflanzenstoff Resveratrol, der vorwiegend in der Schale roter Weintrauben vorkommt. Er stimuliert die Produktion von Stickoxid an den Blutgefäßen, was diese weitet und den Innendruck senkt. Außerdem reduziert Resveratrol das schlechte LDL-Cholesterin und wirkt als Gerinnungshemmer.

GUT FÜR:
Die innerste Wandschicht der Blutgefäße, Reduzierung der Cholesterin-Oxidation

Deep Blue

FÜR 1 PERSON
1 Beutel Grüner Tee
150 g tiefgekühlte Blaubeeren
1 TL flüssiger Honig
75 ml Wodka

Einen Grüntee-Beutel mit 150 ml kochendem Wasser aufbrühen. Kalt werden lassen.

Die Blaubeeren, den kalten Tee, den Honig und den Wodka in einem Mixer zu einem sämigen, köstlichen, sündigen Smoothie verarbeiten.

TOPZUTAT: Blaubeeren enthalten die hochwirksamen Pflanzenfarbstoffe Anthocyane, die ebenfalls in Rotwein vorkommen. Sie sollen einerseits die Oxidation von schlechtem LDL-Cholesterin verhindern helfen sowie die Zellen der innersten Wandschicht der Blutgefäße schützen.

H G A
I S P
K V F

GUT FÜR: Gesunde Haut

Prickelnder Trauben & Gurken Spritz

Dieser köstliche Sommer-Drink eignet sich perfekt als Muntermacher bei Grillfesten oder Picknicks. Allerdings ist dafür eine Saftpresse nötig – ein einfaches Modell genügt.

FÜR 6 PERSONEN

500 g kernlose weiße Weintrauben
2 Salatgurken
1 Flasche Prosecco

Mit einer Saftpresse die Weintrauben und die Gurken auspressen und den Saft gut durchrühren. Im Kühlschrank kalt stellen.

Ein Champagner-Glas zur Hälfte mit dem Saft füllen und mit dem Prosecco aufgießen.

TOPZUTAT: Gurken gelten häufig aus ernährungstechnischer Sicht als uninteressant. Dennoch gehören sie zu den wenigen Lebensmitteln, die Kieselerde enthalten, einen Mineralstoff, der für glatte, gesunde Haut ausgesprochen wichtig ist. Kieselerde ist immerhin für die glänzende Schale der Gurken verantwortlich. Außerdem enthalten Gurken einige interessante antioxidative Flavonoide.

Gesunder süßer Genuss

Desserts und süße Leckereien sind für diejenigen unter uns ein Problem, die sich gesund ernähren möchten, ohne zu oft über die Stränge zu schlagen. Es hat gelegentlich den Anschein, als seien all die Köstlichkeiten, die wir lieben, schädliche Dickmacher.

Dennoch bin ich der festen Überzeugung, dass Märtyrertum zum Wohl der Gesundheit unnötig ist. Genuss gehört zur Ernährung. Es gibt keinen Grund dem abzuschwören. Essen ist ein Geschenk und sollte genossen werden. Entscheidend ist die Bereitschaft, die Zubereitung von Süßspeisen und Desserts kreativ anzugehen und die Zutaten klug auszuwählen. Nachfolgend finden Sie einige Rezepte, die Genuss pur versprechen und bestens für Feste und Feiern mit Familie und Freunden geeignet sind.

H G A
I S P
K V F

GUT FÜR: Ekzeme & gesunde Haut, hoher Cholesterinspiegel, gesunde Verdauung, Energieschub

Kokos-Crumble mit Avocado & Limetten

Diese Kombination ergibt einen erfrischenden leichten Nachtisch, den Sie ohne Reue zu jeder Tageszeit genießen dürfen.

FÜR 4 PERSONEN

2 große, sehr reife Avocados
geriebene Schale und Saft von 2 Limetten
3 EL Kokosöl, geschmolzen
3 TL Honig oder Agavendicksaft
1 TL Kokosraspel
8 Haferkekse mit wenig Zucker
4 TL Leinsamen

Das Fleisch der Avocados aus der Schale lösen und in eine Schüssel geben. Den Limettensaft, das Kokosöl, den Honig und die Hälfte der Kokosraspel hinzufügen und mit der Gabel zu einer glatten Masse verarbeiten.

Die Mischung auf 4 kleine Gläser oder Auflaufförmchen so verteilen, dass ein Rand von 2 cm bleibt. 2–4 Stunden lang im Kühlschrank kalt stellen.

Vor dem Servieren die Kekse zerkrümeln und zusammen mit den restlichen Kokosraspeln, der Limettenschale und einigen Leinsamen als knusprige Schicht über jede Portion streuen.

CLEVERE KOMBINATION: Die Zutaten machen aus dieser Süßspeise die geballte Nahrungsergänzung aus essentiellen Fettsäuren: reichlich Triglyceride aus Kokosöl – hochdosierte Omega-3, 6 und 9 Fettsäuren aus Avocados – ALA Omega-3 aus Leinsamen.

H G A
I S P
K V F

GUT FÜR: Hoher Cholesterinspiegel, Energieschub

Kokosnuss-Panna-Cotta

Ich erinnere mich noch gut an die erste Vanille-Panna-Cotta meines Lebens – es war der reinste süße Rausch! Aber eine Panna Cotta mit Unmengen von Sahne, Zucker und Gelatine ist nicht gerade die gesündeste Nachspeise. Hier also eine abgespeckte Version.

ERGIBT 4 KLEINE ODER 2 GROSSE PORTIONEN PANNA COTTA

1 EL Agar-Agar
400 ml Kokosmilch
1 Vanilleschote
1 EL Stevia
oder wahlweise:
geröstete Kokosflocken zum Anrichten (optional)
frische Himbeeren zur Dekoration (optional)

Den Agar-Agar in 2 EL Wasser auflösen (die Anleitung auf der Packung beachten). Die Kokosmilch in einen Topf geben. Das Vanillemark auskratzen und mit der Stevia in die Kokosmilch geben. Bei mittlerer Hitze unter ständigem Rühren 6 Minuten kochen. Die Agar-Agar-Mischung hinzufügen und weitere 2–3 Minuten rühren.

In Förmchen füllen. 4–6 Stunden lang im Kühlschrank erkalten lassen. Pur oder mit gerösteten Kokosflocken und Himbeeren servieren.

TOPZUTAT: Stevia ist ein pflanzlicher Süßstoff ohne negative Nebenwirkungen. Viele der sogenannten gesunden, angeblich vollkommen harmlosen Süßungsmittel treiben den Blutzucker in ungeahnte Höhen, sind also kaum empfehlenswert. Stevia dagegen hat keinerlei Auswirkung auf den Blutzucker und kann ohne Reue verwendet werden. Stevia ist in Bioläden und einigen Supermärkten erhältlich. Allerdings variiert die Süßkraft je nach Hersteller, sodass die Mengenangaben möglicherweise entsprechend angepasst werden müssen.

H G A
I S P
K V F

GUT FÜR: Gesundes Herz & Blutgefäße, Energieschub

Beeren-Kokosnuss-Eis am Stiel

Der Anteil von Zucker und anderen ungesunden Zutaten sind bei den handelsüblichen Eisprodukten erschreckend hoch. Die Zutaten des nachfolgenden Rezepts dagegen sind frei von Schadstoffen, unkompliziert, nährreich und es schmeckt köstlich. Perfekt für den süßen Hunger an einem heißen Sommertag!

ERGIBT 6 STÜCK
300 g frische Blaubeeren
400 ml Kokosmilch
150 g Joghurt
1 EL flüssiger Honig
Saft von ¼ Limette

Sämtliche Zutaten in einen Mixer geben und zu einem glatten Püree verarbeiten. In Eislutscher-Formen füllen, Stiele einstecken und über Nacht einfrieren.

TOPZUTAT: Kokosnüsse enthalten gesättigte Fettsäuren. Das ist den meisten bekannt. Aber natürlich sind nicht alle gesättigten Fettsäuren schädlich, sondern durchaus unterschiedlich strukturiert. Die Fette der Kokosnuss sind mittelkettige Triglyceride (MCT Fette), die sehr schnell von jenen Enzymen aufgespaltet werden, welche die Zellen der inneren Wandschicht der Blutgefäße freisetzen. Sie gelten als wertvolle Energiequelle. Es ist daher unwahrscheinlich, dass sie vom Körper gespeichert werden oder zu Herz-Kreislauf-System-Problemen führen.

H G A
I S P
K V F

GUT FÜR: Ekzeme & gesunde Haut, gesunde Darmflora

Süßkartoffel-Pie

Süßkartoffeln in einer Pie mögen seltsam anmuten, aber sie gehören in den USA zum traditionellen süßen Thanksgiving-Gebäck. Ich backe eine Variante, die himmlisch schmeckt, aber wesentlich gesünder ist als die übliche Zuckerbombe. Probieren Sie es aus!

FÜR 6 PERSONEN

60 g Kokosöl
2 große Süßkartoffeln
120 g gemischte Nüsse, gehackt
120 g Haferflocken
230 g Vollkornmehl
2 EL Ahornsirup oder Agavendicksaft
170 ml Mandelmilch
50 g Stevia (siehe Seite 145)
3 EL Maismehl
1 TL Muskatnuss, gemahlen
1 TL Zimt
1 kleine Prise Chilipulver

TOPZUTAT: Verantwortlich für das orangerote Fleisch der Süßkartoffeln ist Beta-Carotin, das lokal als Antioxidans und Entzündungshemmer wirkt. Süßkartoffeln sind reich an Ballaststoffen und ihre Zuckerkomponenten stimulieren das Wachstum guter Darmbakterien.

Den Backofen auf 200 °C (Gas Stufe 6) vorheizen und eine runde Backform (Ø 23 cm) oder Tarteform mit Kokosöl einfetten. Die Süßkartoffeln 1 Stunde lang im Ofen backen, bis sie weich und gar sind. Das Fleisch aus der Schale schaben und abkühlen lassen. Die Backofentemperatur auf 190 °C (Gas Stufe 5) senken.

Inzwischen das Kokosöl in einem Topf bei niedriger Temperatur schmelzen. Die gehackten Nüsse, die Haferflocken, das Mehl, das geschmolzene Öl und den Ahornsirup in einer Schüssel zu einem krümeligen Teig mischen.

Die Mischung in die vorbereitete Form drücken und in 25 Minuten goldbraun backen. Erkalten lassen.

Das Süßkartoffelfleisch, die Mandelmilch, die Stevia, das Maismehl und die Gewürze mischen und mit einem Holzlöffel kräftig zu einer glatten Mischung aufschlagen. Die Füllung auf den gebackenen Boden streichen und eine weitere Stunde im Ofen backen. Vor dem Servieren vollkommen auskühlen lassen.

H G A
I S P
K V F

GUT FÜR: Gesunde Haut, Bluthochdruck & Gefäßschutz

Tofu-Beeren-Schichtdessert

Ja, ich weiß! Tofu in einem Dessert klingt alles andere als verlockend. Aber vertrauen Sie mir! Seidentofu dient hier als cremiger Träger für Aromastoffe, ganz gleich, welche Sie auch immer hinzufügen möchten.

FÜR 4 PERSONEN

1 Packung (350 g) Seidentofu
300 g frische Blaubeeren
300 g frische Himbeeren
1 EL Stevia (siehe Seite 145)
1 EL flüssiger Honig, zum Beträufeln

Den Tofu, die Hälfte der Blaubeeren, die Hälfte der Himbeeren und die Stevia in einen Mixer geben und zu einer Creme verarbeiten.

Das Dessert in die Gefäße schichten. Hierzu eine Schicht Blaubeeren und Himbeeren auf den Boden geben. Mit der Tofucreme bedecken und dies wiederholen, bis das Gefäß gefüllt ist. Im Kühlschrank kaltstellen und vor dem Servieren mit etwas Honig beträufeln.

TOPZUTAT: Verwendet man Tofu unbearbeitet aus der Packung, schmeckt er nach Radiergummi. Dabei ist es ein Leichtes, damit eine Konsistenz zu erzielen, die uns normalerweise nur mit eher „verbotenen" Zutaten gelingen – nämlich eine cremige Textur ohne Transfette oder Zucker. Er ist zudem reich an Proteinen und Kalzium.

H G A
I S P
K V F

GUT FÜR: Gesunde Haut, Bluthochdruck, hoher Cholesterinspiegel & gesunde Gefäße

Brombeer-Blaubeer-Tarte

Ein herrlicher Nachtisch, der an eine ziemlich sündhaft üppige Version aus einer Londoner Konditorei erinnert. Diese Tarte ist frisch, aromatisch, süß, leicht zuzubereiten und eine echte Nährstoffbombe.

FÜR 6 PERSONEN

80ml Olivenöl + etwas zum Beträufeln
230 g Haferflocken
60 g Mandeln
60 g Walnüsse
230 g Vollkornmehl
1 TL Zimt
2 EL Ahornsirup
200 g frische Blaubeeren
200 g frische Brombeeren
2 TL Stevia (siehe Seite 145)
cremiger Joghurt zum Anrichten

TOPZUTAT:
Intensiv rote und violette Beeren gehören auch dank ihrer Herz-Kreislauf schützenden Anthocyane zu den gesündesten Früchten. Diese werden von den Zellen absorbiert, die die Wandschicht der Blutgefäße bilden, stimulieren deren Stickoxidproduktion, was entspannend auf die Gefäßwände und damit blutdrucksenkend wirkt.

Den Backofen auf 200 °C (Gas Stufe 6) vorheizen und eine Tarteform (Ø 23 cm) mit Olivenöl einfetten. Den Tarteboden zubereiten. Dazu Haferflocken, Mandeln und Walnüsse in einem Mixer zu einer groben, mehlartigen Konsistenz zerkleinern. Mit dem Mehl, dem Zimt, dem Olivenöl und dem Ahornsirup zu einem weichen Teig verarbeiten. In die Tarteform drücken und 20 Minuten lang backen, bis der Teig goldbraun und fest ist. Beiseitestellen und abkühlen lassen.

Inzwischen die Blaubeeren und die Brombeeren mit 2 EL Wasser und der Stevia in eine Kasserolle geben. Bei mittlerer Hitze 30–40 Minuten lang köcheln lassen. Dabei nehmen die Früchte eine marmeladenartige Konsistenz an. Diese Füllung vorsichtig auf den erkalteten Tarteboden geben und 4 Stunden lang kaltstellen. Mit einem Klacks cremigem Joghurt servieren.

Entspannung

Ein kleiner Snack vor dem Schlafengehen kann beruhigend wirken, ja sich als ein regelrechter Wohlfühlfaktor erweisen. Allerdings hat er durchaus Auswirkungen auf unser Körpersystem. Wir wissen, dass bestimmte Nährstoffe unsere Gehirn-Chemie beeinflussen: Manche wirken entspannend, während andere stimulierend sind und nervös machen. Daher sollten diese Snacks aus Zutaten bestehen, die eine entspannte Müdigkeit fördern. Meiden Sie daher jene Wachmacher, die Sie bis in die frühen Morgenstunden um den Schlaf bringen. Zu letzteren gehören vor allem zuckerhaltige Snacks, die den Blutzucker in die Höhe treiben und damit das Gegenteil dessen bewirken, was Sie am Abend benötigen.

H G A
I S P
K V F

GUT FÜR: Schlafprobleme & Schlaflosigkeit

Schlaftrunk

Damit ist der totale Knock-out in Minuten garantiert. Baldrian finden Sie in Ihrem örtlichen Bioladen.

FÜR 1 PERSON

1 Becher Kuhmilch
1 Kamilleteebeutel
2 TL Kakaopulver
20 Tropfen Baldriantinktur

Die Milch in einen kleinen Topf gießen. Den Teebeutel einhängen und 8–10 Minuten sanft köcheln lassen.

Den Teebeutel aus der Milch nehmen, gut ausdrücken, um den letzten Rest Kamille in die Flüssigkeit zu geben. Den Baldrian tropfenweise hinzufügen und die heiße Milch in den Becher gießen. Gut mit dem Kakaopulver verrühren. 10 Minuten vor dem Schlafengehen trinken.

CLEVERE KOMBINATION: Dies ist ein Cocktail aus hochwirksamen Zutaten, die den Schlaf auf unterschiedliche Weise herbeiführen. Der Kalziumgehalt der Milch kann eine beruhigende Wirkung auf das zentrale Nervensystem haben, und die Laktose löst Endorphine aus. Außerdem ist sie reich an der Aminosäure Tryptophan, die im Körper Serontonin bildet, jenem Neurotransmitter, der Stimmung und Schlaf reguliert. Kamille und Baldrian wiederum sind Kräuter, die ebenfalls entspannend wirken. Kamille beruhigt das zentrale Nervensystem ebenso wie Baldrian, der auch als muskelentspannendes Mittel gilt.

GUT FÜR: Ekzeme & gesunde Haut, Schlafprobleme & Schlaflosigkeit, gesundes Herz, Regeneration der Muskeln nach Sport und Fitnesstraining

Sandmännchen-Sandwich Wirkt schlaffördernd bei kleinem Hunger.

FÜR 1 PERSON

½ reife Avocado
Saft von ½ Zitrone
Meersalz und schwarzer Pfeffer
½ Vollkorn-Toastbrötchen
3 Scheiben gebratene Truthahnbrust
1 Stängel frischer Dill (optional)

Das Avocadofleisch aus der Schale lösen. Mit dem Zitronensaft, Salz und Pfeffer in einer Schüssel mit der Gabel zu einer Creme zerdrücken.

Die Hälfte des Brötchens toasten. Mit der Avocadocreme bestreichen und die Truthahnscheiben mit dem frischen Dill darüberlegen.

CLEVERE KOMBINATION: Truthahnfleisch ist nicht nur eine magere Proteinquelle, sondern auch besonders reich an der Aminosäure Tryptophan, die im Körper den Neurotransmitter Serotonin bildet. Die Hauptaufgabe von Serotonin ist die Schlafregulierung, indem es in einen anderen Neurotransmitter, das Melatonin, umgewandelt wird, das schlaffördernd wirkt. Tryptophan muss mit einem komplexen Kohlehydrat eingenommen werden, das den Insulinspiegel leicht anhebt, um das Tryptophan in das Gehirn zu lenken. Hierfür ist das Vollkornbrötchen zuständig.

H G A
I S P
K V F

GUT FÜR: Schlafstörungen & Schlaflosigkeit, Verstopfung

Bananen-Erdnuss-Bagel

Dieser supereinfache Snack aus an Tryptophan reichen Bananen wirkt schnell und zuverlässig gegen nächtliche Hungerattacken, ohne einen gesunden Schlaf zu verhindern.

FÜR 1 PERSON
1 sehr reife Banane
½ Vollkorn-Bagel
1 EL knusprige Erdnussbutter

Die Banane schälen und in einer Schüssel zerdrücken. Den Bagel toasten.

Den Bagel mit der Erdnussbutter bestreichen und mit dem Bananenmus belegen.

TOPZUTAT: Erdnussbutter enthält den Mineralstoff Magnesium, das die Muskeln entspannt und als mildes Beruhigungsmittel auf das zentrale Nervensystem wirkt.

H G A
I S P
K V F

GUT FÜR: Immunsystem, Schlafprobleme & Schlaflosigkeit, gesunde Verdauung

Mediterraner Melantonin-Hummus

Kichererbsenpüree ist für mich ein Wundermittel und unter anderem auch ein idealer Snack vor dem Schlafengehen. Bereiten Sie Hummus auf Vorrat zu und halten Sie diesen Dip für nächtliche Hungerattacken im Kühlschrank bereit.

FÜR 1 PERSON

1 Dose Kichererbsen (400 g), abgetropft
Saft von ½ Zitrone
4 EL Olivenöl
1 Knoblauchzehe, zerdrückt
1 Bund frisches Basilikum, Blätter gezupft
Meersalz und schwarzer Pfeffer

Sämtliche Zutaten in einen Mixer oder die Küchenmaschine geben, salzen, pfeffern und zu einer dicken, cremigen Paste verarbeiten. Mit Haferkeksen oder Selleriesticks servieren.

CLEVERE KOMBINATION: Kichererbsen sind reich an Vitamin B6, das für die Melatonin-Produktion, dem Schlafhormon, wichtig ist. Zusammen mit Basilikum, das seit Jahrhunderten in der westlichen Naturheilkunde als mildes Sedativ verwendet wird, bildet Hummus den perfekten, schlaffördernden Snack.

Die Lebensmittel-Apotheke

Nahrungsaufnahme ist weit mehr als reine Energiezufuhr. Was wir zu uns nehmen, beeinflusst sämtliche biochemische Vorgänge in unserem Körper. Die chemischen Reaktionen in unseren Körperzellen, jedem Gewebe, jedem Körpersystem werden auf unterschiedliche Weise durch unsere Nahrung ausgelöst. Ernährung ist daher viel mehr als Vorsorge gegen bekannte Mangelerkrankungen wie Skorbut oder Pellagra. Nährstoffe beeinflussen unsere Empfänglichkeit für Krankheiten, unsere Möglichkeiten, diesen zu widerstehen oder sich schnell wieder zu erholen. Dank ihrer Wirkung auf unsere Physiologie sind sie im Grunde pharmazeutische Wirkstoffe.

Aber das ist nicht alles. Nährstoffe – anders gesagt die Bestandteile unserer Nahrung, die für normale Körperfunktionen unerlässlich sind – sind nur ein Teil des großen Ganzen. Viele Nahrungskomponenten sind keine Nährstoffe per se (also für normale Körperfunktionen nicht wichtig), können dennoch unseren Organismus beeinflussen, ja sogar therapeutisch wirksam sein. Diese zusätzlichen Komponenten sind sekundäre Pflanzenstoffe, d.h. Bestandteile der Pflanzen, hergestellt in deren sekundärem Stoffwechsel. Es gibt Unmengen dieser Inhaltsstoffe, von denen sich einige als besonders gesundheitsfördernd erwiesen haben.

Der folgende Abschnitt möchte einen Überblick über Inhaltsstoffe und Wirkung unserer Nahrung geben, aufzeigen, wie Vitamine, Mineralstoffe, Fette und sekundäre Pflanzenstoffe agieren und in welchen Nahrungsmitteln sie besonders reich enthalten sind. Die Liste ist bei weitem nicht vollständig – sie beschränkt sich auf das Wesentliche. So möchte dieses Kapitel dem Leser die erstaunliche Vielzahl wirksamer Inhaltsstoffe unserer Nahrung näher bringen. Ich hoffe, der Wert einer gesunden, täglichen Ernährung bleibt so niemandem mehr verborgen.

VITAMINE

VITAMIN A

Vitamin A ist ein fettlöslicher Nährstoff und kommt in Form von Retinol und Carotinoiden in unterschiedlichen Lebensmitteln vor. Retinol findet sich in Tierprodukten wie Fleisch und Milchprodukten, während Carotinoide als Pflanzenfarbstoffe für die rote, gelbe und orange Farbe von Pflanzen verantwortlich sind – so für das leuchtende Orange der Karotten oder Süßkartoffeln. Vitamin A gehört zu den für uns essentiellen Nährstoffen und wirkt unterstützend bei wichtigen Stoffwechselprozessen.

WIR BRAUCHEN ES FÜR

Antioxidans, Schutz vor freien Radikalen
Sehkraft
Immunsystem
Steuerung der Genexpression
gesunde Haut
Fortpflanzung & Menstruationszyklus

WIR FINDEN ES IN

Retinol: Butter, Leber, rotes Fleisch, Vollmilch
Carotin: Karotten, grünes Blattgemüse, Mangos, rote Paprika, Süßkartoffeln

VITAMIN B1 (THIAMIN)

Thiamin wurde im späten 19. Jahrhundert entdeckt, als sich bei Matrosen in Asien, die sich über einen längeren Zeitraum ausschließlich von geschältem Reis ernährten, Symptome der Vitamin B1-Mangelkrankheit Beri-Beri zeigten. Als der weiße Reis durch braunen Reis, Fleisch und Gemüse ersetzt wurde, besserte sich ihr Zustand schnell. B1-Mangel führt zu Erschöpfungszuständen, Gedächtnisschwäche, zentralnervösen Störungen und schließlich sogar zu Muskelschwund. Thiamin wird vom Körper schnell abgebaut und ist in industriell verarbeiteten Lebensmitteln kaum enthalten. Daher ist Vitamin-B1-Mangel weit verbreitet.

WIR BRAUCHEN ES FÜR

Kohlenhydrat-Stoffwechsel
Energiegewinnung
Nervenzellenaktivität

WIR FINDEN ES IN

Hülsenfrüchten, Samen, Kernen
Sojabohnen
Vollkorn

VITAMIN B2 (RIBOFLAVIN)

Riboflavin ist ein gelblicher Pflanzenstoff. Er spielt eine wichtige Rolle bei der Umwandlung von Fetten, Kohlehydraten und Eiweiß in Energie und ist daher einer unserer wichtigsten Nährstoffe.

WIR BRAUCHEN ES FÜR

Kohlenhydrat-Stoffwechsel
Zellschutz und Stimulierung der natürlichen Abwehrkräfte (ist an der Regeneration von Glutathion, einem Enzym und wichtigen Antioxidans, beteiligt).

WIR FINDEN ES IN

Mandeln
Leber
Pilzen
Vollkorn

VITAMIN B3 (NIACIN)

Das B-Vitamin Niacin gilt gelegentlich als vernachlässigbar, da es der Körper selbst herstellen kann – womit es eigentlich nicht zu den klassischen Vitaminen zählt. Dennoch spielt es eine wichtige Rolle bei der Regulierung immer häufiger auftretender Probleme wie eines hohen Cholesterinspiegels und Diabetes, womit ihm als Bestandteil unserer Ernährung eine immer wichtigere Aufgabe zukommt, die die körpereigene Produktion nicht allein bewältigen kann. Niacin ist ein Ausgangsstoff für mehrere Enzyme und Co-Enzyme, die für wesentliche Stoffwechselaktivitäten im Körper verantwortlich sind. Im 18. Jahrhundert entdeckte man, dass Niacin-Mangel die Ursache für das Schreckgespenst Pellarga (Niacinmangelsyndrom) ist.

WIR BRAUCHEN ES FÜR

Regulierung des Blutzuckerspiegels
Reduzierung von Cholesterin
Entgiftungsprozesse
Energiestoffwechsel

WIR FINDEN ES IN

Mandeln
braunem Reis
Erdnüssen
Pinienkernen
Hefe

VITAMIN B5 (PANTOTHENSÄURE)

Pantothensäure ist ein weiteres essentielles B-Vitamin und spielt eine wichtige Rolle im Zell- und Energiestoffwechsel. Es kommt in unserem Körper als Co-Enzym A vor, das für die Umwandlung von Glukose in ATP (Adenosintriphosphat) verantwortlich ist, das Energie in jede Zelle unseres Körpers liefert. Es ist in fast allen Lebensmitteln enthalten. Mangelerscheinungen sind daher selten.

WIR BRAUCHEN ES FÜR

Energiestoffwechsel
Reduzierung von Cholesterin
Regulierung & Produktion der Nebennierenhormone
Verwertung von Nahrungsfetten

WIR FINDEN ES IN

Brokkoli
Fisch
Innereien
Geflügel
Süßkartoffeln

VITAMIN B6 (PYRODOXIN)

Dieses Vitamin B spielt eine Schlüsselrolle bei der Umwandlung von Eiweißstoffen und beim Fett- und Energiestoffwechsel. Es reguliert die Entzündungsreaktion, die Immunabwehr und die Funktion der roten Blutkörperchen. Ein Mangel kann zu Depressionen, Müdigkeit und Blutarmut führen. Aus meiner Sicht ist es für das Herz-Kreislauf-System besonders wichtig, wo es die Balance zwischen Natrium und Kalium und damit den Blutdruck regelt, es ist am Abbau von Homocystein beteiligt, das eine potentielle Ursache für Herz-Kreislaufprobleme ist.

WIR BRAUCHEN ES FÜR

Asthma-Therapie
Kontrolle von Blutzuckerspiegel & Diabetes
gesundes Herz-Kreislauf-System
Energiestoffwechsel
gesundes Nervensystem
Geist & Stimmung
Immunregulation

WIR FINDEN ES IN

Bananen
Bohnen & Hülsenfrüchten
braunem Reis
Rosenkohl

VITAMIN B12 (COBALAMIN)

Vitamin B12 ist immer in den Schlagzeilen, denn es wird vor allem unter Veganern heiß diskutiert. In ihrem Ernährungsplan ist es kaum vertreten und muss daher irgendwie ergänzt werden. Angeblich enthalten einige Pflanzen B12 in verwertbarer Menge, nur kann der menschliche Organismus es kaum aufnehmen. Auch ältere Menschen haben damit ihre Probleme, denn die Aufnahme von B12 ist an den sogenannten intrinsischen Faktor (IF) gebunden, für dessen Bildung wiederum Magensäure nötig ist, über die Ältere in geringerem Maße verfügen. Eine reduzierte Aufnahme von B 12 äußert sich in Abgespanntheit, Perniziöser Anämie (Blutarmut) und Störungen des Nervensystems. Das Vitamin wird in der Leber gespeichert, und es dauert oft bis zu sechs Jahre, bis sich Mangelsymptome zeigen.

WIR BRAUCHEN ES FÜR

Gesundes Herz-Kreislauf-System
Funktion der Nervenzellen
Blutbildungt

WIR FINDEN ES IN

Käse
Eiern
Fisch
Innereien

BIOTIN

Biotin ist ebenfalls eine essentielle Komponente des Zellstoffwechsels. Es ist an der Bildung von Fettsäuren beteiligt und ein wichtiger Faktor bei der Produktion (Synthese) von Glucose/ATP. Ist wenig Glucose verfügbar, kann der Körper diese aus Fettsäuren und Aminosäuren bilden. Selbst ein geringer Biotin-Mangel hat unangenehme Nebenwirkungen wie Hautprobleme und Haarausfall. Wir gewinnen es sowohl aus der Nahrung als auch durch Biotin produzierende Darmbakterien.

WIR BRAUCHEN ES FÜR

Zellwachstum
Stoffwechsel der Makronährstoffe (wie Fette, Zucker & Aminosäuren)
Funktion der Talgdrüsen

WIR FINDEN ES IN

Eiern
Pilzen
Nüssen
Weizen

CHOLIN

Cholin ist ein weniger bekanntes Vitamin aus dem B-Komplex, jedoch lebenswichtig für die Funktion von Gehirn und Nervensystem. Der Nährstoff kann zwar vom Körper selbst synthetisiert werden, muss jedoch unbedingt über die Ernährung ergänzt werden, da er eine wichtige Rolle im Fettstoffwechsel und für die Gehirnfunktionen spielt. Cholin ist ein unverzichtbarer Baustein für den Erhalt der Zellmembran, besonders der Nervenzellen, und hat eine wichtige Signalfunktion bei der Übertragung von Nervenimpulsen zwischen den Zellen.

WIR BRAUCHEN ES FÜR

Fettstoffwechsel
Leberfunktion
Gedächtnis
Ausgeglichenheit der Psyche

WIR FINDEN ES IN

Bohnen
Blumenkohl
Eier (besonders Eigelb)
Leber

FOLSÄURE

Folsäure gehört zu den bekanntesten Vitaminen aus dem B-Komplex und ist Gegenstand zahlreicher Gesundheits-Kampagnen und Debatten. Schlagzeilen machte vor allem seine Rolle bei der Entwicklung des Neuralrohrs beim Embryo, wo sein Mangel zu Defekten wie Spina Bifida (Offener Rücken) führen kann. Ebenso essentiell ist Folsäure für die DNA-Synthese und -Reparatur.

WIR BRAUCHEN ES FÜR

gesundes Herz-Kreislauf-System
Zellwachstum & -teilung
DNA-Synthese
Homocystein-Reduktion
psychische Ausgeglichenheit & gegen Depression

WIR FINDEN ES IN

Spargel
Bohnen
Brokkoli
grünem Blattgemüse
Süßkartoffeln

VITAMIN C

Vitamin C ist weltweit das meistgekaufte Nahrungsergänzungsmittel, war und ist Gegenstand von Diskussionen und wissenschaftlichen Studien in Europa und den USA. Es ist erstaunlich, wie es einem einzelnen Nährstoff gelingen konnte, sich als Wunder- und Allheilmittel für eine riesige Kultgemeinde zu etablieren. Davon abgesehen ist es tatsächlich eines der wichtigsten Vitamine in der Ernährung des Menschen und mehr als nur ein wirksames Mittel gegen winterliche Schnupfenattacken. Seine Entdeckung verdankt es dem Skorbut, jener Mangelkrankheit, die Seeleute auf langen Schiffsreisen und nach einseitiger, karger Ernährung befiel. Erst im späten 18. Jahrhundert, als Captain Cook und seine Mannschaft ihre Unternehmungen ohne Skorbut überstanden, stellte man einen Zusammenhang zu den auf diesen Reisen reichlich verfügbaren Zitrus- und Beerenfrüchten her. Seither versorgte die britische Marine ihre Schiffe mit obstreicher Kost. Den fehlenden Inhaltsstoff Vitamin C als Ursache entdeckte man allerdings erst später.

Im Lauf der Jahre wurdendem Vitamin C in Lebensmitteln oder als Nahrungsergänzung zahllose wundersame Eigenschaften zugeschrieben. Einige sind nachvollziehbar, andere schlichtweg absurd. Viele Studien versuchten festzustellen, ob sich die Einnahme von Vitamin C tatsächlich positiv auf Erkältungskrankheiten oder sogar auf die Gesundheit des Herz-Kreislauf-Systems auswirkt. Die Ergebnisse blieben schwammig und bis heute strittig. Dennoch scheint es eine logische Verbindung zwischen den Argumenten für Vitamin C und seiner Rolle im Immunsystem zu geben, denn es stimuliert den sogenannten „Oxidativen Burst" weißer Blutkörperchen. Darunter versteht man eine plötzliche Freisetzung hoch reaktiver Verbindungen freier Radikaler, die weiße Blutkörperchen nutzen, um Krankheitserreger zu zerstören.

WIR BRAUCHEN ES FÜR

Bildung von Kollagen
Unterstützung des Immunsystems
Wundheilung

WIR FINDEN ES IN

Beerenfrüchten
Zitrusfrüchten
Paprika
Spinat

VITAMIN D

Auch Vitamin D genießt seit Jahren in der internationalen Presse große Aufmerksamkeit – und zu Recht. Es war Gegenstand zahlloser Forschungsarbeiten, die erstaunliche Dinge über dieses Vitamin ans Licht brachten. Seit langem ist bekannt, dass Vitamin D eine wesentliche Rolle bei der Regulierung des Kalziumspiegels für den Knochenaufbau zukommt. Neuere Studien haben gezeigt, dass es ebenso an der Erhaltung der geistigen und emotionalen Gesundheit, der Immunregulierung, und sogar am Fettstoffwechsel und am Schutz gegen Krebs teilhat. Die wichtigste Quelle für den Menschen ist die Umwandlung von Cholesterin in Präkursoren (Ausgangsstoffe) des Vitamin D, wenn unsere Haut ultravioletter Strahlung durch die Sonne ausgesetzt ist. Diejenigen unter uns, die in kalten Klimaregionen leben, haben da ein Problem. Kein Wunder, dass wir uns elend fühlen, wenn die Sonne sich rarmacht. Zum Glück kommt Vitamin D auch in einigen Nahrungsmitteln vor.

WIR BRAUCHEN ES FÜR

Unterstützung des Immunsystems
mentale & emotionale Gesundheit
gesundes Knochengerüst
Regulierung des Kalziumspiegels

WIR FINDEN ES IN

Eiern
Milch (Vollmilch)
Pilzen
Fischen mit hohem Fettgehalt

VITAMIN E

Vitamin E ist ebenfalls ein allseits bekannter Nährstoff, der seit Jahrzehnten eine bedeutende Rolle bei der Produktion von Kosmetikartikeln spielt. Hierbei agiert er vor allem als Antioxidans, in diesem Fall als Schutz gegen aus Lipiden hervorgegangene freie Radikale (hoch reaktive Nebenprodukte im Körper, die Zellen und Gewebe große Schäden zufügen können) und die Wahrung der Zellstrukturen im Körper. Es wird dazu in die Fettmembrane unserer Zellen aufgenommen, wo es diese gegen gewisse Schäden schützen kann. Vitamin E ist in diesem Zusammenhang vor allem für eine gesunde Haut wichtig. Es wirkt auch in Verbindung mit Vitamin C, um einen breit angelegten, antioxidativen Schutz zu gewährleisten. Vitamin E wirkt zudem blutverdünnend.

WIR BRAUCHEN ES FÜR

Schutz gegen freie Radikale
gesundes Herz-Kreislauf-System
Schutz der Zellmembrane
gesunde Haut & Narbenheilung

WIR FINDEN ES IN

Mandeln
Avocados
Olivenöl

MINERALSTOFFE & SPURENELEMENTE

BOR

Über das Gesundheitspotential von Bor wurde Jahrelang kontrovers diskutiert. Inzwischen wissen wir, dass es eine wichtige Rolle bei der Gesunderhaltung des Knochenbaus, bei der Regulierung der Vitamin-D-Aktivität und der Reduzierung von Kalzium-Abbau im Körper spielt.

WIR BRAUCHEN ES FÜR
gesundes Knochenskelett

WIR FINDEN ES IN
Früchten & Gemüse

KALZIUM

Beim Thema Kalzium denkt man gemeinhin automatisch an kräftige, gesunde Knochen. Die Folge ist, dass viele von uns aus diesem Grund Unmengen Kalzium schlucken. Ich persönlich halte die Bedeutung von Kalzium für ein gesundes Knochenskelett für überbewertet. Zur Verdeutlichung stelle ich Kalzium in eine Reihe mit den Baumaterialien Ziegelsteine und Zement. Sicher ist Kalzium das Grundmaterial unseres Knochenbaus. Allerdings bliebe das Werk ohne die Hilfe eines Teams von Bauarbeitern (in diesem Fall hilfreiche Nährstoffe wie Vitamin D, Magnesium, Bor usw.) unvollendet. Ein weiterer Mythos in diesem Zusammenhang ist, dass Kalzium dem Körper vorrangig in Form von Milchprodukten zugeführt werden könne. Selbstverständlich sind Milchprodukte sehr wichtig, aber nicht jeder mag sie oder verträgt sie. Daneben existiert ein durchaus reichhaltiges Angebot an pflanzlichen Quellen für Kalzium.

WIR BRAUCHEN ES FÜR
interzelluläre Kommunikation
Muskelkontraktion
Stärkung des Knochenskeletts

WIR FINDEN ES IN
Kohl
Cashewnüssen
Milchprodukten
Sesamkernen

CHROM

Das dreiwertige Chrom ist ein essentielles Spurenelement und in den letzten Jahren besonders in der Naturkostindustrie in Mode gekommen. Schuld daran ist wohl sein aktiver Wirkstoff, der Glukosetoleranzfaktor (GTF), der sich gut in unser modernes Leben und seine Ernährungstheorien fügt. Chrom hat hauptsächlich die Aufgabe, den Glukosetoleranzfaktor zu bilden, der zur Blutzuckerregulierung und Insulinfunktion beiträgt. Eines der Themen moderner, westlicher Ernährung ist das sogenannte „Metabolische Syndrom", das eine Kombination von Risikofaktoren wie koronare Herzkrankheiten, Bluthochdruck, hoher Cholesterinspiegel, bauchbetonte Fettleibigkeit und chronische Erschöpfungszustände bezeichnet. Ursache ist die fehlende Körperreaktion auf das Hormon Insulin. Eine Nahrungsergänzung mit Chrom kann bei Insulinresistenz helfen, obwohl entsprechende Studien zu unterschiedlichen Ergebnissen kommen. Sicher ist jedoch, dass Chrom für eine gesunde Ernährung wichtig ist.

WIR BRAUCHEN ES FÜR
Blutzuckerkontrolle
Insulinregulierung

WIR FINDEN ES IN
Fleisch
Vollkornprodukten

KUPFER

Das häufig übersehene Spurenelement Kupfer ist an einigen Schlüsselprozessen unseres Körpers beteiligt. Speicherorgane sind Leber und Gehirn. Es ist wichtig für die Aufnahme von Eisen und für ein gesundes Skelett.

WIR BRAUCHEN ES FÜR
gesunde Knochen & Zähne
gesunde Haut

WIR FINDEN ES IN
Bohnen
Austern
Garnelen

MAGNESIUM

Magnesium war in den vergangenen Jahren Gegenstand zahlloser Studien und gilt als lebenswichtiges Mineral für die Gesundheit fast aller Körpersysteme. Dies ist kaum verwunderlich, denn seine Konzentration in unserem Körper ist die zweithöchste von den Mineralien, und es ist an vielen Stoffwechselprozessen und Enzymreaktionen beteiligt. Magnesium ist wichtig für gesunde Knochen, Muskelentspannung, ein gesundes Herz-Kreislauf-System, ein gesundes Nervensystem. Dennoch ist Magnesiummangel weit verbreitet. Vor allem grünes Blattgemüse ist deshalb wichtig. Das Chlorophyll des Blattgrüns der Pflanzen hat dieselbe Grundstruktur wie Hämoglobin (das eisenhaltige Sauerstofftransportprotein der roten Blutkörperchen) beim Menschen. Chlorophyll enthält dafür einen hohen Magnesiumanteil. Und je grüner die Pflanze, desto höher der Magnesiumgehalt.

WIR BRAUCHEN ES FÜR

Blutdrucksenkung
interzelluläre Kommunikation
Energiegewinnung
Proteinsynthese
Muskelentspannung

WIR FINDEN ES IN

Bohnen
grünem Gemüse
Tofu
Vollkornprodukten

KALIUM

Kalium ist ein wichtiger Elektrolyt (Mineralstoff), der am Informationsaustausch zwischen den Zellen und am Wasserhaushalt der Zellen beteiligt ist. Außerdem ist es für die Regulation zahlreicher Zellantworten wichtig, sowie für der Regulierung des Blutdrucks und der Nerven- und Herzfunktionen. Kalium wirkt an der Seite von Natrium und Chlorid. Eines der Probleme unseres modernen westlichen Ernährungsverhaltens ist, dass viele von uns entschieden mehr Natrium als Kalium zu sich nehmen. Das kann zu Wassereinlagerungen und einer Verhärtung der Blutgefäße, Bluthochdruck und einem erhöhten Risiko von Schäden an den Gefäßwänden führen. Ist die Zufuhr von Kalium höher als von Natrium, stellt sich der umgekehrte Effekt ein. Ideal ist ein ausgewogenes Verhältnis zwischen beiden.

WIR BRAUCHEN ES FÜR

Blutdruckregulierung
interzelluläre Kommunikation
Funktion der Nervenzellen

WIR FINDEN ES IN

Bananen
Karotten
Orangen

ZINK

Zink ist eines der wichtigsten Spurenelemente überhaupt. Es ist an mehr biochemischen Prozessen beteiligt als alle anderen Mineralstoffe, wie zum Beispiel bei der Produktion von Enzymen, die mögliche Schadfaktoren sowie Abfallprodukte aus unseren Zellen entfernen. Es greift regulierend in unseren Geschmacks-, Geruchssinn und unsere Sexualhormone wie Testosteron ein. Viele klinische Versuche haben gezeigt, dass sich Zink günstig auf Abwehr und Heilung von Erkältungen auswirkt. Zudem benutzen weiße Blutkörperchen Zink, um bestimmte Gene zu kodieren, einschließlich derjenigen, die Zellreaktionen auf gewisse Impulse und Krankheitserreger kontrollieren. Außerdem ist es wirksam bei der Behandlung von Akne, denn es reguliert die Funktion der Talgdrüsen und unterstützt die weißen Blutkörperchen beim Kampf gegen Entzündungen.

WIR BRAUCHEN ES FÜR

Akne
Ekzeme
Hormonregulierung
Unterstützung der Immunabwehr
normales Zellwachstum
Regulierung fettiger Haut

WIR FINDEN ES IN

Bohnen
Fleisch
Nüsse
fettreichem Fisch
Garnelen
Kürbiskernen

FETTE & FETTSÄUREN

OMEGA 3

Omega-3-Fettsäuren gehören zu einer Gruppe essentieller Fette mit einem breitenwirksamen positiven Gesundheitspotential. Die aktivsten Omega-3-Fettsäuren sind: EPA, DHA und ALA. EPA ist ein wirksamer natürlicher Entzündungsmediator; DHA ist eine strukturierte Fettsäure und lebenswichtig für Bildung und Erhalt der Myelinscheide, jener lipinreichen Schicht, die Nervenzellen umgibt. ALA ist die pflanzliche Form von Omega-3, weit weniger stoffwechselaktiv als EPA oder DHA und muss erst in letztere umgewandelt werden. Da die Umwandlungsrate von ALA im menschlichen Organismus gering ist, ist es ratsam, Omega-3-Fettsäuren aus Fischen vorzuziehen. Omega-3 - Nahrungsergänzungsmittel sind sehr unterschiedlich. Es lohnt sich, die mit dem höchsten EPA-Gehalt einzunehmen.

EPA

Diese Omega-3-Fettsäure gilt als der Rolls Royce unter den natürlichen Entzündungsmediatoren. Sie ist sozusagen der Stoffwechselbaustein für die körpereigenen entzündungshemmenden Stoffe. Dabei handelt es sich um eine Gruppe hochwirksamer Verbindungen, die sogenannten Prostaglandine. Einige Prostaglandine lösen Entzündungen aus und verstärken Schmerzsignale und Muskelkrämpfe (man denke an Krämpfe bei der Menstruation oder Verdauung), während andere genau diese reduzieren. Sie benötigen für ihre Bildung Fettsäuren, wobei unterschiedliche Fettsäuren auch zu unterschiedlichen Endprodukten, also zu unterschiedlichen Prostaglandinen, führen. EPA hilft bei der Bildung der als 3-er oder PGE3-Serie bekannten Prostaglandine, die massiv entzündungshemmend wirken. Indem wir die Aufnahme von EPA erhöhen, stimulieren wir die PGE3-Bildung und damit die Regulierung von Entzündungsepisoden im Körper. Deshalb ist Omega-3 so wichtig bei Akne und Ekzemen, deren Rötungen EPA abmildert; bei Arthritis wirkt EPA schmerzlindernd und fördert die Beweglichkeit; bei Herzkrankheiten mindert EPA entzündliche Beschädigungen der Blutgefäße, die zu Verstopfung der Arterien führen können. EPA unterstützt die Mehrung von gutem (HDL) und die Reduzierung von schlechtem (LDL) Cholesterin.

WIR BRAUCHEN ES FÜR

Akne & Ekzeme
Arthritis
Herzerkrankungen

WIR FINDEN ES IN

Paranüssen
Makrelen
Lachs
Sonnenblumenkernen

DHA

DHA ist eine strukturierte Fettsäure. Sie gehört zu den wichtigsten in der Nahrung vorkommenden Fetten, denen eine bedeutende Rolle beim Erhalt der Myelinscheide zukommt, jener lipidreichen Schicht, die Nervenzellen umgibt und essentiell für deren Signalfunktion ist. Als solche ist sie auch ein integraler Bestandteil in Haut und Netzhaut. DHA ist wesentlich für die Ernährung von Schwangeren und stillenden Müttern, da sie für eine gute Entwicklung von Augen- und Gehirnfunktionen des Ungeborenen sorgt. Die Einnahme von DHA hat einigen Studien zufolge bedeutende Auswirkungen auf Prävention und Regulation bestimmter Störungen der Gehirn- und Nervenfunktionen. Eine hoch dosierte Einnahme von DHA wird auch mit einem verminderten Risiko für die Erkrankung an Alzheimer und Parkinson in Verbindung gebracht. Tests lassen auch vermuten, dass DHA Depressionen bei Parkinsonpatienten lindert und Ablagerungen in den Gefäßen entgegenwirkt. Andere Tests konnten dies allerdings nicht bestätigen.

DHA wirkt nicht im gleichen Maße entzündungshemmend wie EPA, doch neu entdeckte Substanzen, die Resolvine, die Metabolite (Zwischenprodukte bei Stoffwechselprozessen) von EPH und DHA, können wohl lokalen Entzündungsprozessen effektiv entgegenwirken.

WIR BRAUCHEN ES FÜR

Struktur & Erhalt der Zellmembrane
Reduzierung akuter Entzündungen

WIR FINDEN ES IN

Algen
Meeresfrüchten & fettreichem Fisch

ALA

ALA ist die pflanzliche Form der Omega-3-Fettsäuren. Während einige gesundheitsrelevante Effekte mit ALA in Verbindung gebracht werden, ist diese doch eher die arme Verwandte von EPA und DHA. Der menschliche Organismus muss diese Linolensäure durch eine Reihe von enzymatischen Prozessen erst in EPA und DHA umwandeln. Einigen Tieren, wie zum Beispiel Lachsen, gelingt das sehr gut. Die Umwandlungsrate beim Menschen ist gering – sie liegt lediglich bei 12 %, wenn überhaupt. Dennoch steht die Behauptung, vor allem der Nahrungsergänzungsmittel-Industrie, im Raum, dass ALA viele Eigenschaften von EPA und DHA (Wirkung als Entzündungshemmer, Stimmungsaufheller und auf Neurologische Funktionen) im selben Umfang besitzt. Dies kann jedoch aufgrund der niedrigen Umwandlungsrate nicht stimmen. Die in der Ernährung hochwirksamen Omega-3-Fettsäuren DHA und EPA beziehen wir aus fettreichem Fisch und Meeresfrüchten. Dennoch gibt es erwiesenermaßen eine Verbindung zwischen der Einnahme von ALA und einem positiven Einfluss auf das Herz-Kreislauf-System.

WIR BRAUCHEN ES FÜR
Dieselben Indikationen wie bei EPA, jedoch mit weitaus geringerem Wirkungsgrad

WIR FINDEN ES IN
Leinsamen & Leinöl
Walnüssen
Rapsöl

OMEGA 6

Omega-6-Fettsäuren wurden nach frühen Untersuchungen mit Tieren als „essentielle Fettsäuren" eingestuft. Später stellte sich heraus, dass die Untersuchungsmethodik fehlerhaft war. Als Rattenfutter Omega-6-Fettsäuren entzogen wurden, blieb unbeachtet, dass viele Fettsäuren, die Omega-6 enthalten, auch Omega-3 enthalten. Das bewirkte einen künstlich herbeigeführten Omega-3-Mangel. Insofern gelten die Ergebnisse über Omega-6 mittlerweile als fraglich. Omega-6-Fettsäuren sind sehr stoffwechselaktiv. Viele der dabei entstehenden Nebenprodukte sind an Krankheiten beteiligt und werden medikamentös behandelt. Bei ihrer Synthese entsteht außerdem die Fettsäure Arachidon, die in das Kommunikationsmolekül Serie-2 Prostaglandin (PGE2) umgewandelt wird, das Entzündungen stimuliert und verschlimmert. Viele entzündungshemmende Medikamente, zum Beispiel gegen Arthritis, blockieren das Enzym, das Arachidonsäure in PGE2 umwandelt. Darüber hinaus befinden sich Omega-6- mit Omega-3-Fettsäuren in Konkurrenz um Enzyme, die die Bildung der positiv wirkenden Stoffwechsel-Nebenprodukte von Omega-3 beeinflussen können. Einer Omega-6-Fettsäure, GLA (Gamma-Linolensäure), wird eine, wenn auch nur mäßig positive Wirkung auf Entzündungen und den Membranschutz zugestanden. Die Dosis, die wir benötigen, ist im Vergleich zu Omega-3 gering.

WIR FINDEN ES IN
Nüssen
Samenkernen
Pflanzenöl

MCTS (MITTELKETTIGE TRIGLYCERIDE)

Mittelkettige Triglyceride sind eine weitere Klasse interessanter diätetischer Fette. Aufgrund ihrer metabolischen Eigenschaften werden sie schneller als herkömmliche, langkettige Fette vom Körper absorbiert und sind als solche Bestandteil der Ernährungstherapie (z.B. künstlicher Ernährung) bei bestimmten Krankheitsbildern. Da MCTs selten gespeichert werden, sind sie kaum eine Gefahr für das Herz-Kreislauf-System. Einige schreiben den MCTs die Fähigkeit zu, die Fettverbrennung zu beschleunigen. Ich stehe dem skeptisch gegenüber, denn die Fettverbrennung hängt von den generellen Ernährungsgewohnheiten ab. Dennoch sind MCTs eine Energiequelle und wer damit kocht, verbrennt wohl mehr als er speichert. Für jemanden, der auf sein Gewicht achtet, keine schlechte Wahl. Trotzdem ... lassen Sie sich von entsprechenden Werbekampagnen nicht verführen!

Einige MCTs, vor allem Caprylsäure, wirken effektiv gegen bakterielle und virale Krankheitserreger. Caprylsäure unterstützt die Behandlung von Hefepilz- und Bakterieninfektionen. Dabei greift Caprylsäure die äußeren Hüllen der Pilzorganismen an und zerstört diese. Es ist jedoch nicht klar, ob es hilft, Caprylsäure oral einzunehmen, denn die Studien, in denen die Wirksamkeit getestet wurde, wurden alle im Reagenzglas durchgeführt.

WIR BRAUCHEN ES FÜR
gesundes Herz
Energieschub

WIR FINDEN ES IN
Kokosfett

PHYTONÄHRSTOFFE

CAROTINOIDE

Carotinoide sind eine große Gruppe sekundärer Pflanzenstoffe, die hauptsächlich als die Farbstoffe der Pflanzen wahrgenommen werden. Im menschlichen Körper sind sie vorwiegend als Antioxidantien aktiv. Diese fettlöslichen Komponenten werden vor allem im Fettgewebe, wie der subkutanen Hautschicht, gespeichert – ein Vorgang, der so schnell geschehen kann, dass sich dies in einer Gelbfärbung der Haut, der sogenannten Carotinodermie, zeigt. Carotinoide haben ein hohes Gesundheitspotential, da ihre Konzentration in der Haut die Struktur- und Faserproteine Kollagen und Elastin sowie die Haar- und Talgdrüseneinheit (die Stelle, wo Haarfollikel und Talgdrüse zusammenkommen und die sich bei Pickelbildung entzündet) schützt. Dies kann Hautalterungsprozessen entgegenwirken.

Anreicherungen der Carotinoide im Hautgewebe sind darüber hinaus entzündungshemmend und daher heilsam bei Hauterkrankungen wie Ekzemen, Akne und Schuppenflechte, die mit Rötungen und Entzündungen einhergehen. Dieselbe Wirkung entfalten sie im Verdauungstrakt.

Gleichermaßen positiv wirken sich Carotinoide auf Augenlicht und Prostata aus. Lutein, ein gelbes Carotinoid, kann sich in der Macula des Auges sammeln und wirkt hier der Maculadegeneration entgegen. Das Carotinoid Lycopin findet sich hauptsächlich in Tomaten und soll gegen Prostatakrebs und Vergrößerung der Prostata wirken. Während letzteres strittig ist, zeigen Hautanalysedaten, dass sicher ein Zusammenhang zwischen dem Genuss von Tomaten und einem geminderten Prostatakrebsrisiko besteht. Allerdings fehlen direkte Beweise für den Ursache-Wirkung-Zusammenhang.

WIR BRAUCHEN ES FÜR

Akne
Ekzeme
Schuppenflechte
Vorzeitige Hautalterung
gesunde Haut
Sehvermögen

WIR FINDEN ES IN

Karotten
Mangos
Melonen
Paprika
Spinat
Tomaten

FLAVONOIDE

Flavonoide sind eine große Gruppe sekundärer Pflanzenstoffe und die häufigsten, universellen Inhaltsstoffe unserer Nahrung. Die bekanntesten sind Flavanole, Flavonole, Flavanone, Flavone, Anthocyane und Isoflavone. Sie sind für die Farbpigmente der Pflanzen, vorwiegend für die Rot-, Gelb- und Orangetöne, verantwortlich, sind hinlänglich erforscht und besitzen großes gesundheitliches Potential. Das beste Beispiel für ihre Schutzfunktion ist ein gesundes Herz-Kreislauf-System. Bekanntermaßen schützen sie Blutgefäße vor Schäden, reduzieren Cholesterinoxidationen, senken den Blutdruck und verringern die Gerinnungsgefahr. Sie agieren antioxidativ und entzündungshemmend.

Viele Flavonoide bieten auch ein breites Spektrum an Schutzfunktionen gegen schwere Krankheiten. Sie beeinflussen verschiedene Signaltransduktionswege der Zellen. Man nimmt an, dass sie dadurch kognitive Funktionen verbessern und sogar Schutz gegen einige Krebsarten bieten können.

Flavonoide stimulieren die Aktivitäten von Enzymen in unseren Zellen; diese zerstören und eliminieren gewisse toxische und metabolische Abfallprodukte und halten die Zellen gesund.

WIR BRAUCHEN ES FÜR

gesundes Herz
kognitive Funktionen
Reduzierung von Cholesterin
Blutdrucksenkung
Entzündungshemmung

WIR FINDEN ES IN

Anthocyane: Blaubeeren, rote Trauben, Rotwein
Flavanole: Äpfeln, Schokolade, grünem Tee
Flavanone: Zitrusfrüchte
Flavonole: Beeren, Grünkohl, Zwiebeln
Flavone: Sellerie, Petersilie, Thymian
Isoflavone: Samenkernen, Sojaprodukten
Allgemein: Kohl, grünem Tee, Himbeeren, roten Zwiebeln, roter Paprika, Rotwein, Erdbeeren

GLUCOSINOLATE (SENFÖLGLYCOSIDE)

Glucosinolate sind Verbindungen, die sich gemeinhin in Gemüse der Brassica-Familie (Weißkohl, Brokkoli und Grünkohl) finden und in der Forschung in immer größerem Maße auf Interesse stoßen. Sie werden aus Glucose und Aminosäuren gebildet und verleihen Gemüse wie Rosenkohl den etwas bitteren Geschmack. Nach neuesten Erkenntnissen haben Glucosinolate die Fähigkeit, aktiv Phase-2-Enzyme zu stimulieren. Diese Enzyme vernichten metabolische Abfallprodukte und machen potentielle Karzinogene unschädlich. Darüber hinaus deutet einiges darauf hin, dass sie den programmierten Zelltod in Tumorzellen herbeiführen können.

WIR BRAUCHEN ES FÜR
gesunde Zellen & allgemeines Wohlbefinden

WIR FINDEN ES IN
Brokkoli
Rosenkohl
Blumenkohl
Grünkohl

POLYSACCHARIDE

Polysaccharide sind anders als die leicht absorbierbaren Zucker Glucose oder Fructose sogenannte Vielfachzucker, die sich aus vielen Einfachzuckermolekülen zusammensetzen. Der menschliche Organismus ist nur bedingt in der Lage, diese großen Moleküle aufzunehmen und aufzuspalten. Dennoch haben diese großen Zuckermoleküle eine große gesundheitsfördernde Wirkung.

Ihre am intensivsten erforschte und für mich aufregendste Eigenschaft ist ihr Gesundheitspotential für das Immunsystem. Über 40-jährige Forschungsarbeiten in Japan und den USA haben nachweislich gezeigt, dass Polysaccharide aus Pilzen wie den Shiitake und Maitake verschiedene Zelltypen der weißen Blutkörperchen aktivieren, also immunstimulierend wirken.

Vielfachzucker wirken durch Interaktion mit der Schleimhaut der Darmwände, den sogenannten Peyerschen Plaques. Diese sind eine immunologische Kontroll- und Abwehrstation, die den Darminhalt ständig überwacht und die entsprechenden Informationen an das Immunsystem weiterleitet.

Der Verdauungstrakt ist ein breites Eingangstor für mögliche Krankheitserreger, sodass das Darmgewebe hoch spezialisiert sein muss. Diese Plaques bestehen aus einer großen Ansammlung von Zellen, die mit dem restlichen Immunsystem kommunizieren und bei möglichen Attacken Alarmimpulse auslösen. Diese Zellen sind in der Lage, unterschiedliche Krankheitserreger zu identifizieren oder die entsprechende Immunantwort zu aktivieren. Kommen die Polysaccharide der Pilze in Kontakt mit den Peyerschen Plaques, werden die Zellen der immunologischen Kontroll- und Abwehrstation alarmiert und es kommt zu einer Tandem-Reaktion, einer schnellen Abfolge chemischer Reaktionen, die in die Produktion von mehr weißen Blutkörperchen mündet. Nach neuesten Erkenntnissen hat die Struktur der Pilz-Polysaccharide eine Ähnlichkeit mit jenen Zuckermolekülen, die in den äußeren Zellmembranen gewisser Bakterien gefunden wurden. Daher ruft ihr Erscheinen eine Immun-Reaktion hervor, als sei ein Krankheitserreger eingedrungen; im Fall von Infektionen eine nützliche Einrichtung. Die weißen Blutkörperchen sind die Soldaten unseres Immunsystems. Sind sie in großer Zahl vorhanden, können wir Infektionen schneller bekämpfen.

Ebenso interessant ist das Gesundheitspotential der Vielfachzucker für unser Herz-Kreislauf-System. Bestimmten in der Nahrung, zum Beispiel im Hafer, enthaltenen Polysaccharide wurde in klinischen Tests eine cholesterinsenkende Wirkung nachgewiesen. Diese Polysaccharide bilden im Verdauungstrakt eine gelähnliche Textur, die den Abtransport von Cholesterin unterstützt, bevor dieses vom Körper aufgenommen werden kann.

WIR BRAUCHEN ES FÜR
gesundes Herz-Kreislauf-System
Abwehr von Infektionen
gesundes Immunsystem

WIR FINDEN ES IN
Maitake-Pilzen
Hafer
Austernpilzen
Shiitake Pilzen

REZEPTLISTEN NACH KÖRPERSYSTEMEN

H

HAUT

G

GELENKE & SKELETT

A

ATMUNGSSYSTEM

I

IMMUNSYSTEM

S

STOFFWECHSELSYSTEM

P

PSYCHE & NERVENSYSTEM

K

HERZ & KREISLAUF

V

VERDAUUNGSSYSTEM

F

FORTPFLANZUNGS- & HARNSYSTEM

REGISTER

Mein Dank geht vor allem an die vielen Menschen, die mich nach der Veröffentlichung von *The Medicinal Chef* kontaktiert haben. Ihre Erfolgsgeschichten und Unterstützung haben mich bewegt und motiviert, noch besser zu werden. Mein Dank geht an Clare Hulton und Jenny Liddle, die beiden Kontroll-Freaks und an das Team Quadrille, dass dieses Buch so großartig gestaltet und meine Botschaft so publikumswirksam umgesetzt hat. Tany Murkett – danke für Inspiration und das tägliche aufmunternde Lächeln. Danke auch an Mum und Dad, Ramsay und Candy.

VERLAGSGRUPPE PATMOS

PATMOS
ESCHBACH
GRÜNEWALD
THORBECKE
SCHWABEN

Die Verlagsgruppe
mit Sinn für das Leben

Für die Schwabenverlag AG ist Nachhaltigkeit ein wichtiger Maßstab ihres Handelns.
Wir achten daher auf den Einsatz umweltschonender Ressourcen und Materialien.

Umschlaggestaltung: Finken & Bumiller, Stuttgart
Hergestellt in China
ISBN 978-3-7995-1096-7